www.tredition.de

Lutz Meier

Zahlennot ist Seelentod

Aphorismen vor und nach Corona

www.tredition.de

© 2020 Lutz Meier

Verlag und Druck: tredition GmbH, Halenreie 40-44, 22359 Hamburg

ISBN
Paperback: 978-3-347-09958-6
Hardcover: 978-3-347-09959-3
e-Book: 978-3-347-09960-9

1.

Der Teich lag in der Stille,
nur die Vögel waren noch wach.
Da kamen ein paar Jugendliche an die Oase.
Nur der Mensch macht Krach.

2.

Es gibt kaum etwas Langweiligeres, als jemandem beim Lesen zuzu-
sehen. Leser sind die langweiligsten Menschen, die man sich denken
kann und die Interessantesten, wenn sie mal nicht lesen.

3.

Reden tun die Leute nicht miteinand`, vermeiden das Gespräch.
Nur der Hund löst das Schweigeband.

4.

Im Frühling tummeln draußen sich die Menschen. Da sie mit
sich nichts anfangen können, halten sie ein Eis in ihren Hän-
den.

5.

Beobachtung beim Blätterfegen. Vier übriggebliebene Blätter
verderben einem die Arbeit von einer Stunde. So ist es auch
bei Lyrik und Kurzprosa oder überhaupt bei aller Mühe, die
man sich macht.

6.

Durch das Geistige zerbrechen mehr Freundschaften, als durch es
geschmiedet werden.

7.

Je genauer ein Mensch denkt, desto unwohler fühlt er sich in einer Fremdsprache. Lieber gar nichts denken als alles falsch.

8.

Und: Je genauer ein Mensch denkt, desto weniger sprachlich gebunden und verziert ist sein Denken.

9.

Wir können beim Denken einen Gartenschlauch in eine bestimmte Richtung halten. Ob dann auch das Wasser der Kreativität läuft, liegt nicht in unserer Reichweite.

10.

Schreiben ist eine rückwärtige Bestätigung von Arroganz.

11.

Ein nicht unbeträchtlicher Teil der alltäglichen Konflikte geht aufs Konto des Aufeinandertreffens des Widerspruchs von Vita activa und Vita contemplativa zurück. Der Geistesarbeiter trifft auf den Macher, der Flowmensch auf den Willensmensch. Ersterer neigt zur Ruhe, während Letzterer auch, wenn er kurz Ruhe hält, schon die nächste Tat ersinnt und andere mit ins Boot nimmt.

12.

Das eigentlich Triviale an der Literatur ist nicht nur eine eventuell banale Aussage, sondern die Literatur ist trivial, die nur auf sich selbst verweist, weswegen Hofmannsthal bei weniger phantasiebegabten Durchschnittsprofessoren so beliebt ist.

13

Mode kommt, Mode geht.
Was bleibt, im Buche steht.

14.

Manche Leute sortieren ihre Gedanken, indem sie sie bei anderen in Unordnung bringen.

15.

Ich muss es nehmen, wie es kommt, wie ein Löwe, dem man in seinem Käfig ein Stück Fleisch zuwirft; so schwer und so einfach komme ich an meine Beute heran.

16.

Scham und Stolz sind weitere „Existenzialien" des Nationalismus, die rudimentär im Sport fortleben.

17.

Wider eine Stigmatisierung der Schizophrenie. Jeder durchlebt nachts seine ganz private Psychose. Wenn die Menschen tagsüber nur halb so viel Phantasie hätten wie im Schlaf, wäre die Welt eine bessere.

18.

„Normale", also gesunde Menschen müssen sprechen, um sich ihrer Intelligenz zu vergewissern. Bei mir sackt das zu Sagende im Gespräch zusammen wie Spaghetti im kochenden Wasser.

19.

Nietzsche war ein verrückt gewordener Altphilologe. Ein revolutionärer Spießbürger also, der zum Walzer tanzte, während er Gift und Galle gegen Wagner und auch seinen eigenen Wagnerianismus spie.

20.

Wie schön ist es und mit welchem Schwung werden wir erfüllt, wenn wir ein kleines Zeitfenster für eine geistige Aufgabe haben. Knappheit setzt kreativen Atem frei.

21.

In der Fußgängerzone: Die Einzigen, die sich hier Konsum verdienten, sind die Straßenmusiker und die Arbeiter hinter dem Bauzaun, wo quasi Arbeit aufscheint wie in einem Zoogehege.

22.

Die Zeit ist wie ein Anzug von der Stange: Man zieht ihn sich jeden Morgen an, obwohl er nicht richtig passt.

23.

Wir berauschen uns am Möglichen, das für uns verheißungsvoll wie ein Weihnachtsglöckchen erklingt. Das Wirkliche hingegen lässt uns kalt. Obwohl es den größten Teil unseres Lebens auszumachen pflegt.

24.

Wir erreichen immer wieder den Beckenrand des Wochenen-
des, beim ewigen Hin-und-her-Schwimmen der Wochen und
Jahre. Erleichtert steigen wir aus dem Becken und verlassen das
Bad.

25.

Nietzsche, stellvertretend für die Geisteswelt des 19. Jahrhunderts,
fand die Musik nur als so befreiend wichtig, da sie selten, also nicht
allgegenwärtig verfügbar und nicht ohne weiteres „technisch repro-
duzierbar" (Walter Benjamin) war. Heute gilt genau das Gegenteil.

26.

Das Schicksal wirft uns blinden Hühnern die Möglichkeiten hin. Wir
bräuchten sie nur aufzupicken. Zumeist geht der Schnabel aber daran
vorbei.

27.

Im Alter wird man langsam unsichtbar, während die erotische Blickerwartung anhält, ehe man zu einer grauen Maus mutiert und von der Erwartung nur noch Gott Eros übrigbleibt, während man zunehmend den religiösen Gott anbetet.

28.

Was wir an Gedanken zu viel haben, wird uns an der Kasse des Alltagsgesprächs wieder abgezogen.

29.

Jedes Gespräch als Versuch einer seelischen Annäherung hat die Tendenz zu verkümmern, läuft am Ende rasend schnell auf sein Ende hinaus. Ein sozialer Kontakt dauert nur so lange wie der Gesprächsstoff, den wir mobilisieren können. Der Witz öffnet und schließt das Gespräch.

30.

Das Handy hat das Nützliche abgestreift wie eine Schlange die alte Haut. Es dient heute vorwiegend der Unterhaltung im zweiten Sinne. Früher haben die Menschen in der Lebenswelt miteinander gesprochen. Heute haben sie dafür „keine Zeit, keine Zeit" mehr. Das Handy ist ein uns an den Alltag kettendes Vehikel der vorwiegend stummen Kommunikation geworden. Jede freie Sekunde wird so zur Unterhaltung im Sinne von Entertainment.

31.

Früher ordnete man, wenn ein kluger Mensch ohne Grund plötzlich verblödet war, ihn der Dementia preacox (Eugen Bleuler) zu. Heute braucht man nur den Fernseher einschalten, um festzustellen: Die Verblödung ist der Normalfall geworden. Die Intelligenz bildet heute die Ausnahme, bei gleichbleibender genetischer Disposition.
Dummheit wurde zur Leitkultur.

32.

Wir machen uns über das Abweichende lustig, um uns zu vergewissern, dass wir nicht zur Gruppe der psychisch Kranken, Obdachlosen oder sonstigen Außenseitern gehören. Wer lacht, macht den Schritt ins Licht und spricht: „So einer bin ich nicht!"

33.

Bildung ist der Fallschirm des Daseins im Sturzflug des Lebens.

34.

Wer nicht mitmacht beim Flirten und sich nicht vermehrt,
hat Zeit fürs Schreiben, ob er`s kann oder nicht.
Die Hauptsache ist:
Man lebt nach innen gekehrt.

35.

Nur das misslingende Leben kann poetisch erklingen.

36.

Gott zu denken und über ein neues gesellschaftliches Zusammenleben sind wohl die vordringlichsten Denkaufgaben, die einem Philosophen heute gestellt werden sollten.

37.

Die Fülle der Einsamkeit findet sein Ende zumeist in der Verarmung des folgenden Zwiegesprächs.

38.

Die Sinnlosigkeit des Daseins zu erfahren macht uns unbewusst zu garstigen Menschen.

39.

Aphoristik ist die Grundlagenforschung des Daseins.

40.

Landluft stinkt, Stadtluft macht frei. Spätestens seit Corona bricht diese Weisheit entzwei.

41.

Mal sehen, wie lange die Boulekugel rollt. Irgendwann stößt sie an, rollt weiter und bleibt dann unweigerlich stehen. Es ändert sich nichts mehr daran. Äußeres Kennzeichen: Man macht das Modetheater nicht mehr mit. Trägt immer noch Koteletten wie in den 90er Jahren.

42.

Edel ist der Mensch nur in Gefahr,
in der bekanntlich „das Rettende" naht.

43.

Mit dem Lachen will so mancher Dummheit zerstreuen und erreicht nicht selten genau das Gegenteil davon. Siehe: Boris Becker.

44.

Die Jugend lacht, o Graus, Erwachsene aus. Alleine unterwegs sind die Erwachsenen für sie ein Augenschmaus. Wenn sie in der Gruppe sind, sie nicht für Moral und Dezenz zu haben sind. O Ross, o Ross, reite geschwind, halt mich fern von diesen Menschenkind'.

45.

Die Jugend lacht in einer Mischung aus Übermut, Überlegenheitsgefühl und Entsetzen, vollends im triumphalen Bewusstsein, dem Tode nicht nahe zu sein und schon deshalb hämisch gegen alles, was älter ist als sie. Das Hämische im jugendlichen Lachen hat zugenommen.

46.

Das Lachen der alten Menschen entschlägt sich hingegen jeg-
licher Häme. Es ist zumeist ein gütiges, dankbares und senti-
mentales Lachen, das manchmal in ein Lachen über das Lachen
und in Tränen übergeht.

47.

Die Mode hat, mehr als in früheren Zeiten, keine Diversität mehr.
Wer nicht zum alten Eisen gehören will, gehört für alle Modeträger
sichtbar, entgegen seines Willens, gerade dann erst recht zum alten
Eisen. Plötzlich schlägt der Regenschirm der Mode um und alle Hips-
ter tragen die Haare möglichst wuschelig lang nach vorne, nachdem
zuvor jahrelang der Undercut und „threatend" und Haartollen vor-
geherrscht haben. Brechen magere Zeiten für die Barbershops an?
Auch hier können wir Scheinindividualität diagnostizieren: Mit dem
Gefühl, anders oder divers zu sein, geht man zum Barbershop. Je
mehr es aber tun, desto gleichförmiger ist die Erscheinung, die Mo-
deerscheinung.

48.

Wenn wir so viel in die Frage, wie ein gesellschaftliches Mitei-
nander funktionieren soll, investieren würden wie in Maschi-
nen und Technik, wäre die Gesellschaft heute eine bessere.

49.

Kommunikation hat wenig mit Denken zu tun. Ein anderer
bringt alles solange in Unordnung, bis man es selbst nicht mehr
versteht (Heidegger nannte es „Zweideutigkeit"). Man trifft
selten auf einen Gesprächspartner, der sich eines Werturteils
enthält. Immer ist hier in die Farbe des Objekts die Farbe des
Betrachters gemengt. Wer rot sieht, dessen Urteil färbt sich
ebenfalls rot. Die von Husserl und Max Weber geforderte Ent-
haltung bzw. Objektivität kann man nur selten bei einem Ge-
sprächspartner antreffen.

50.

In Situationen des Ankommens und Gehens betreten wir die
soziale Bühne, auf der das Spiel der nach außen gekehrter
Gleichgültigkeit und der nach innen gekehrter Peinlichkeit auf-
geführt wird.

51.

Viele Nichtschreibende sind oftmals zu klug (und gesund) und haben schließlich zu wenig Muße zum Schreiben. Heute gehört man als Schreibender schon fast zur dilettierenden Mehrheit.

52.

Die Blicke auf mich gerichtet, setzt das Denken aus. Stellt es sich wieder ein, bin ich längst schon wieder allein.

53.

Eine Lebensaufgabe gefunden zu haben – darum wird man durchaus beneidet. Der Neider würde seinen Neid aber niemals zugeben. Wenn man keine Lebensaufgabe gefunden hat als die, sich selbst zu erhalten, erklärt man dann den Lebensvollzug kurzerhand zur Lebensaufgabe, die aber in Zeiten, in denen dem postindustriellen Menschen die Arbeit ausgeht, nicht mehr trägt, wodurch Langeweile und ein Sinndefizit drohen. Das kann wiederum den in Arbeit versinkenden Schriftsteller nicht anfechten, wofür er wiederum unterschwellig beneidet wird.

54.

Wir warten auf ein Ereignis, wie man im Fußball auf ein Tor wartet. Auch im Fußball kommt es selten vor. Die Seltenheit und Exzeptionalität und die Akkumulation von Glück und Können, sind wohl die Bedingungen, die Fußball zu einer nationalen Angelegenheit machen. Wir jubeln, weil das Gewinnen eines Titels, eine unwahrscheinliche Sache ist. Umso schwerer erreichbar, desto drängender der Wille und die Freude der Zuschauer, wenn es endlich doch einmal gelingt.

55.

Sprechen ist ein Bedürfnis wie Wasserlassen und Essen. Dann lieber „schweigen" und mit Wittgenstein „zeigen".

56.

Der einzige Ausweg, seinem sozialen Habitus, im Sinne von Bourdieu, nicht zu verfallen und Kultur als Distinktionsmittel zu ge- bzw. zu missbrauchen, ist der Geist.

57.

Wenn wir von Stille umgeben sind, wird auch unser Inneres still. Robert Walser: Der verrückte Mensch liebt den Schnee.

58.

Je langweiliger das Dasein, desto mehr bedürfen wir eines Krimis, als Reizung und Simulation und ferne Vorstellung des Todes, die uns eine Ahnung eines existenzialen Daseins vermittelt. Das Ästhetische als Lebensimpulsstifter in einem hochzivilisierten Leben.

59.

Kapitalismus ist wie Rasen mähen. Man schafft Ordnung und Wohlbehagen, indem man zerstört.

60.

Die Infantilisierung trägt sonderbare Früchte: So nehmen erwachsene Menschen sogenannte Casting-Formate ernst und machen mit Begeisterung mit. Wir haben die Hitparade gesehen. Auch nicht viel besser. Aber wir waren doch Kinder!

61.

McDonalds zeigt beide Seiten der Coolness: Rationalität <u>und</u> Zufriedenheit. Also Zufriedenheit angesichts von Rationalität.

62.

Ein leiser Zweifel an dem geistigen oder künstlerischen Format von Autorinnen und das Buch hat die Eigenschaft, zehnmal so schlecht bewertet zu werden. Die Vorurteile des Lesers prägen das Resultat. Man wird nie ein Buch von Susanne Fröhlich goutieren, auch, wenn es mehr kluge Sätze enthält, als einem als Intellektueller lieb sein kann.

63.

Nie ist es genug. Keine Aussicht auf ein Ende. So beim Trinken. So in der Kunst. Mitten in der Wüste des Lebens graben wir unverdrossen in Untiefen nach Wasser. Nicht genug auch das Online-Dasein. Das Rad hat sich einmal angefangen zu drehen und wir müssen ihm folgen und quasi von nun an mitgehen.

64.

Wie sehr der Geist („Esprit") von Wissen und Kommunikation abhängig ist, zeigte die Philosophie des Mittelalters im Gegensatz zur Renaissance und Moderne.

65.

Ohne Verstrickung in den NS wäre Heideggers Philosophie nicht für faschistoid angesehen worden (obwohl sie es ist).

66.

Das Gedächtnis macht es wie die Sonnenuhr: Es zählt die sonnigen Zeiten nur.

67.

Rauchen: Das Leben einatmen, den Tod aushauchen.

68.

Ob man von einem guten Wein betrunken wird oder von einem schlechten, ist letztendlich einerlei. Ob man ein erfülltes Leben hatte oder ein gelangweilt-unerfülltes: Die Zeit vergeht und am Ende des Tages erreicht man die Nacht.

69.

Nicht nur Not, sondern (leider auch) der Geiz macht erfinderisch.

70.

Hochfahrender, unerfüllter Narzissmus ist gefährlich, wenn er mit einem politischen Amt zusammenfällt. Siehe Hitler. Gilt auch umgekehrt: Erfüllter Narzissmus, der nicht mit einem politischen Amt zusammenfällt, ist tendenziell ungefährlich. Es gibt also einen gutartigen und einen nicht-gutartigen Narzissmus.

71.

Konsum ist immer noch das Trostpflaster des „beschädigten Lebens" (Adorno).

72.

Schönheit ist eine Täuschung der Natur, die der unbedenklichen Annäherung dient.

73.

Es gibt das, was gut aussieht, und dann gibt es noch so etwas wie Mode. Mode kann auch das Biedere prämieren.

74.

Da sich nichts mehr "ereygnet", leben wir in ständiger Angst, etwas zu verpassen. Auf dem Handy eräug-net sich etwas, nicht mehr bei Hölderlin.

75.

Ein Gespräch gleicht jedes Mal einer Fahrt mit der Achterbahn: das Ende herbeisehnend, Angst ohne Ausstieg und Erleichterung, wenn es vorbei ist, wie das Haareschneiden beim Friseur.

76.

Der Kampf gegen die Philister ist immer auch ein Kampf gegen den Philister in uns selbst.

77.

Gerade setzt sich ein Paar neben meinen Tisch im Außenbereich eines Straßencafés. Das Gespräch des Paares stockt, will sich einfach nicht entfalten. Wir horchen und werden ausgehorcht, wenn wir uns nahekommen, was die Zunge hemmt. So hat ein wenig sozialer Abstand, wie ihn die Coronapandemie erzeugte, auch sein Gutes.

78.

In der Uni werden die Unbelehrbaren (durch Prüfungen) sowie die Hochbegabten (durch Wahnsinn) aussortiert. Übrig bleibt das Mittelmaß, auch für akademische Stellen.

79.

Man kann nicht einfach, wie Gustav Weyneken es getan hat, auf die Jugend setzen. Die ist dem Zeitgeist verfallen und hedonistisch und auch in ihrer Protesthaltung höchst egozentrisch. Rettet dasjenige, was die Welt bedroht, ein weitverbreiteter Hedonismus im Zeitalter der Dekadenz, diese wiederum letztendlich?

80.

Zunächst ging es in der Literatur um Gott, dann um Aufklärung, dann um den Tod Gottes und die Ausbreitung von Rationalität, was in der Romantik in der sozialen Negativfigur des Philisters kulminierte. Der Rest ist der Industrialisierung und entsprechender Entseelung (Moderne) oder dessen Perpetuierung (Ironie/Postmoderne) entsprungen. Wenn einem Schriftsteller heute gar nichts mehr einfällt, fällt ihm das Thema „Liebe" ein. Das Schreiben heute muss sich damit abfinden, nicht mehr in dem Bann eines Zeitgeistes zu stehen. Kein Krieg, keine Neuheit der Moderne. Kein politischer Zeitgeist mehr. Es wird nicht leichter und begreifbar, ob und was uns bewegt. Und auch gesellschaftliche Krisen wie die Pandemie 2020 hinterlassen nur eine ein wenig aus den Fugen geratene Konsumgesellschaft. Ist der hemmungslose Konsum der kleinste gemeinsame Nenner, der „lien social" unserer Wohlstandsgesellschaft? Oder ist vorbei damit. Und wir haben es nur noch nicht bemerkt?

81.

Was an einer alten Zeitung von 1946 auffällt, ist die Zweitrangigkeit des Sports im Vergleich zum Politischen. In der Wahrnehmung der Gegenwart ist es genau umgekehrt. Das wirklich Wichtige ist der Sport „als interesseloser [kriegsfreier] Wohlgefallen", dann kommt die Politik.

82.

Theismus ist auch eine Art Paranoia. Wir glauben, da wir uns beobachtet fühlen. Da wir uns beobachtet fühlen, handeln wir bisweilen moralisch.

83.

Ich lese gemütlich oben, in meinem Zimmer. Unten läuft knisternd, wie ein Kaminfeuer, eine politische Talkshow. Das Gerede hüllt mich behaglich ein. Ist irgendetwas passiert? Solange die Talkshow knistert und leise rauscht, kann nichts weiter vorgefallen sein.

84.

Sprache und Denken ergänzen sich, sind aber im Gespräch zweierlei. Beides zusammen geht nicht. Gedanklich muss man immer wieder „nachladen" in der Kommunikation, sich neu ausrichten, wenn man etwas mit Bedacht (also überhaupt etwas) sagen will.

85.

Im Osten Deutschlands ist die Stimmung schlecht. Es ist wie an Weihnachten. Alles ist perfekt und dennoch streitet man über Kleinigkeiten. Fremdenfeindlichkeit kann man somit durchaus als Luxusproblem einstufen, das aus einer miesen Stimmung des Wohlstands ohne Sinn resultiert.

86.

Sorge ist ein anderes Wort für Unzufriedenheit. Die Sorge wurzelt in der Angst. Angst und Sorge sind nach Heidegger „Existenzialen". Werden sie überflüssig, stellt sich Unzufriedenheit ein, die Heidegger als „fahle Ungestimmheit" des „alltäglichen Daseins" bezeichnet hat, die heute besonders im Osten Deutschlands anzutreffen ist.

87.

Aus der Geschichte scheint die Lehre unverbrüchlich, dass eine Militarisierung der Politik unheilvoll und dumm ist, genauso wie man in der Geistesgeschichte die Mathematisierung der Philosophie weitgehend aufgegeben hat. Diese gesellschaftlichen Lernprozesse aber sind wackelige Holzbrücken, über die zu gehen ein Risiko darstellt.

88.

Mode hat auch etwas mit Selbstvertrauen zu tun. Je schwächer das Ich, desto modischer die Person. Wer hingegen Selbstvertrauen besitzt, also über ein starkes Ich verfügt, der kann zu dem Typ Menschen gehören, die auf ein modisches Diktat pfeifen. Zumeist wohnt in ihnen ein Spießerherz.

89.

Man wird als gutaussehender Mensch mehr ausgelacht als angelacht und heute schon gar nicht: angemacht.

90.

Einsame Frauen tragen große Sonnenbrillen, damit man ihre Einsamkeit nicht sieht.

91.

Sartre hat seine gesamte Philosophie auf die für ihn wenig angenehme, optische Begegnung zweier unbekannter Personen errichtet.

92.

Marxismus ist die Theorie eines verkappten Geisteswissenschaftlers für Geisteswissenschaftler. Wer sich hingegen mit dem Kapitalismus anlegen möchte, muss Zahlen schlucken wie ein Feuerspucker eine brennbare Substanz, bevor er mit dem Speien anfangen kann. Zumeist sind die schärfsten Kapitalismuskritiker keine Zahlenmenschen und umgekehrt.

93.

Die CDU versteht sich als Zahlmeister. Die SPD ist das quengelnde Kind (an der Supermarktkasse). Von der CDU kommt ein generalisierendes „Nein", das auch bei einer machbaren „Quengelei" zum Einsatz kommt! Dennoch: Fast immer hat man sich angesichts der Sinnhaftigkeit des „Neins" und der Machbarkeit des „Jas" geirrt. Der autoritäre Mensch sagt aus Prinzip immer erst mal „Nein", wenn ein Kind etwas haben will. Das ist ein Nein-Reflex. Der nichtautoritäre Mensch hingegen setzt das „Nein" der Empirie aus, prüft also jeden Einzelfall.

94.

Belesenheit sollte die größte Maulsperre sein, die man sich denken kann. Wir schweigen zu den großen Fragen der Menschheit, wenn die Antwort aus eigener Quelle entspringen soll, wenn wir schon zu viele Antworten dazu gelesen haben. Je mehr Gelesenes, desto weniger Originelles können wir generieren. So manch` intellektuelle Leser glaubt, dass es sich genau andersherum verhält.

95.

Was viele Bewusstseinsphilosophen übersehen haben: Wenn wir gerade keine Gedanken im Kopf haben, haben wir quasi als Warteschleife bis zum nächsten Ein-Druck Musik im Kopf. Mehr als alles andere haben wir Musik im Kopf.

96.

Schönheit bildet ein instabiles, vergängliches, höchst fragiles Lebensfundament. Dennoch ist es bei vielen sogenannten schönen Menschen so, dass sie das eigene Aussehen als Lebensfundament und -kapital betrachten, egal wie verkümmert das Antlitz im Alter auch ist. Bildung wäre an dieser Stelle als Antidot des Schönheitswahns zu nennen.

97.

Der Wahnsinn ist so banal wie jede andere Krankheit auch. Man kann schnell alle Symptome aufzählen und wie sie entstanden sind. Wer wahnsinnig war oder ist, braucht nicht darüber zu schreiben. Es ist meist nicht besonders spektakulär, aggressiv oder stumpfsinnig zu sein.

98.

Einsame Menschen lästern weniger. Sie sind nicht die besseren
Menschen, sondern haben nur weniger Gelegenheit dazu.

99.

Um nicht unverschämt zu sein, erleiden psychisch Kranke Intelligen-
zeinbußen. Siehe: Hölderlin, siehe: Robert Walser. Wie es scheint,
sind sie aus Höflichkeit krank geworden.

100.

Einsamkeit: Die Gedanken schlafen ein, wie ein blutleeres Bein.

101.

Wenn wir Gedanken nicht erinnern, ist das (wenn wir sie nicht auf-
schreiben) so, als wenn wir sie nie gehabt hätten.

102.

Nur dadurch, dass das Wissen immer wieder verloren ging, kam man in der Geistesgeschichte immer wieder zu vermeintlich „neuen" Erkenntnissen und Einsichten.

103.

Ich habe Gedanken meistens plötzlich, um den Rest der Zeit (allein) wieder in ein musikgrundiertes Meer der Gedankenlosigkeit abzutauchen. Auch im Gespräch behalte ich diesen Mechanismus bei und sage entweder nichts oder plötzlich Erscheinendes, zumeist Komisches. Nur selten philosophiere ich mit dem Hammer des Überzeugenwollens.

104.

Manche sammeln Briefmarken oder Überraschungseierspielzeug, ich sammle (meine eigenen) Gedanken. Ich kann sie aber nicht ad hoc aus dem Gedächtnis abrufen, also nicht frei über sie verfügen, was den Vorteil hat, dass ich nicht mit dem Zitieren von geschliffenen Epigrammen angeben kann, mich also mehr an die Produktion halte, als in einem Gespräch damit aufzutrumpfen.

105.

Fernsehen: Mal sehen, was sich in der Welt (die wir hauptsächlich vom Einkaufen in der Stadt und von der Arbeit her kennen) so los ist. Je weniger Diversität in der Lebenswelt, desto mehr füllt das Fernsehen diese Lücke. Die Welt, das ist heute die Fernseh- (und/oder Internet-) Welt.

106.

Am Ende kommt das Ende. Wenigstens das.

107.

Ist man zunächst pädophil und wird dann Geistlicher, oder umgekehrt, erst ein Geistlicher, dem aus seiner Enthaltsamkeit heraus der Sexualtrieb einen Streich spielt. Der Trieb ist wie Schneewasser, das sich seinen Weg durch den Felsen bahnt, ihn allmählich aushöhlt. Abstinenz ist offenbar auch keine Lösung.

108.

Die Identität wird einem erst aufgrund einer Störung bewusst und erst dann tritt sie aus dem Fließen des Seelischen hervor, wenn sie zum Problemfall wird. Es verhält sich mit der Identität wie mit der Differenz zwischen „Zuhandenheit" und „Vorhandenheit", wie sie uns Martin Heidegger in „Sein und Zeit" dargelegt hat. Erst, wenn das „Zuhandene" eine Störung erfährt, tritt die Welt als „vorhandenes Zeug" in Erscheinung, was, wie oben angedeutet, auch für die Identität gilt: Wenn ich in einer Kommunikationssituation „schlecht abschneide", wird die intellektuelle Identität infrage gestellt. Verhalte ich mich amoralisch, wird meine moralische Identität beschädigt. Finde ich eine Frau nicht auf Anhieb attraktiv, gerät meine sexuelle Identität ins Wanken. Das Ich-Gefühl wird gestört, wenn ich von der Welt annihiliert werde, dann, auch wenn ich beispielsweise etwas Schweres hebe oder angerempelt werde.

109.

Der Gedanke „der ewigen Wiederkunft" Nietzsches bedeutet wohl: Es gibt keine Transzendenz, keine Ewigkeit, keine Rettung im Jenseits. Nur eine ewige Wiederholung. Was soll das Jenseits aber auch sein? Für immer den Lieblingsfilm im Fernsehen anschauen und dabei Chips essen, so viel man möchte? Eine Ewigkeit, die kein Leiden oder Langeweile bedeuten würde, ist kaum vorstellbar. Evidenter ist die Vorstellung einer Wiedergeburt und – von uns aus gesehen – bestenfalls mit der gleichen genetischen Ausstattung. Ich werde also immer wieder geboren. Dass sich das Leben dann genauso abspielt wie vormals, ist ziemlich unwahrscheinlich, da die Bedingungen immer andere sind bzw. wären. Ewige Wiederkunft? Ja, aber nicht als eine Last, sondern als Erlösung. Auch von der Ewigkeit.

110.

Nur wer ein reiches Innenleben hat, hält die Einsamkeit aus, begreift sie nicht als Last, sondern empfindet sie überwiegend als Bereicherung. Zumeist ist Einsamkeit nicht frei gewählt. Sie überkommt einen wie Obdachlosigkeit und ist eine Geißel unserer Zeit. Sie ist auch Merkmal der „transzendentalen Obdachlosigkeit" (Lukacs). Das Leben von heute ist von unfreiwilliger Distanz geprägt. Gibt es den glücklichen Eremiten tatsächlich, oder ist das nicht eine Wunschfigur des von sozialen Verpflichtungen bedrängten Intellektuellen, der sich ein kreatives Anderswo wünscht, wo er ungestört seinen Gedanken nachgehen kann? Aber selbst dann bräuchte er Menschen, zumindest als Beobachtungsfolie für seine Theorien und Fantasien. Ohne Soziales ist Denken kaum denkbar.

111.

Eine Seele, die nicht öfter zum Schwingen gebracht wird, wird bald selbst schwingungslos. Und: Nur eine schwingende Seele bringt etwas zum Klingen.

112.

Was lieben wir so sehr am Bauhausstil? Äußere Aufgeräumtheit führt auch zu innerer Aufgeräumtheit. Und innere Aufgeräumtheit ist ein anderes Wort für Coolness im Sinne eines atmosphärischen Gehobenseins.

113.

Wer viel Geld hat, glaubt, dass das auch richtig so sei und verweist auf seinen Verstand und die harte Arbeit, die den Reichtum angeblich bewirkt haben, auch wenn beides nicht zutrifft. Wer nichts oder wenig hat, verweist hingegen gerne auf die Umstände, die dazu geführt haben. Kaum ein Mensch ist stolz, dass er nichts hat.

114.

Was bedeutet es, wenn ein Konservativer von „Werten" spricht? Was bedeutet es, wenn ein sogenannter Wertkonservativer auf sogenannte Werte verweist, die es zu bewahren und verteidigen gilt? Werte eines Christen? Wer von denen, die nach den Werten schreien, hat die Bibel wirklich und nicht nur selektiv studiert? Freies Feierabendschlendern durch die sonnigen Innenstädte? Ein entfremdetes Dasein führen und sich mit Konsum dafür entschädigen, während das Soziale am Kapitalismus zerbricht? Kapitalismus in Kombination mit Demokratie? Dürfen wir nach dem Grundgesetz uns die Wirtschaftsform, in der wir leben wollen, etwa aussuchen? Sind, was immer geschieht, mit Werten sogenannte deutsche Tugenden wie Pünktlichkeit, Ehrlichkeit, Fleiß oder Höflichkeit gemeint, was im Umkehrschluss bedeutet, dass die anderen Kulturen keine oder nicht so ausgeprägte Tugenden besitzen oder vertreten? So schwammig wie das ganze politische Profil der Konservativen, das sich vorwiegend aus Idiosynkrasien und Vorurteilen speist, die in politische Symbolik und Handlungen gegossen werden, womit man seine Aversion gegen Andere und Fremde ausstaffiert. Entlarvend ist in diesem Zusammenhang auch die Rede von „Stabilität" und „Bürgerlichkeit", was linken Parteien angeblich abgeht, und zu einer Bedrohung dieser „Werte" durch ebendiese Parteien führt. Mit diesem rhetorischen Kniff kann man schön Angst machen und im gleichen Atemzug die Angst vor der „Unbürgerlichkeit" nehmen, die angeblich von sogenannter nicht-bürgerlicher Gesinnung ausgeht. Das sind Kategorien des 19. Jahrhunderts, die auf Verhältnisse des 21. Jahrhunderts angewandt werden. Symbolpolitik ohne reales Korrelat.

115.

Spuren setzen und nach Spuren fahnden. Die Hunde haben es uns vorgemacht. Wir mussten dazu erst das Handy erfinden.

116.

Mit hoher Stimme wird in R'n'B-Liedern unverbrüchlich die Liebe (besonders von Männern zu Frauen) beschworen. In dem Maße, in dem sie uns entschwunden ist, wird sie dort besungen. Minnegesang, der aus allen Lautsprechern tönt, um uns, im Zeitalter ihres Untergangs, an die selig machende utopische Kraft der Liebe zu gemahnen. Wer nicht mehr an die Utopie der Liebe glaubt, dem ist auch ein Narkotikum abhandengekommen, den Kapitalismus zu ertragen.

117

Ich komme gut mit dummen Leuten aus. Dann brauche ich mich nicht klug zu stellen.

118.

Oskar Wilde paraphrasierend könnte man festhalten: „Ich habe ein ganz einfaches Schlankheitskonzept: Ich esse immer nur dann, wenn ich Hunger habe."

119.

Am Ende des Tages die Nachrichten anschauen. Mal sehen, was ich alles verpasst habe. So wie man eine Theaterrezension eines Stückes liest, in dem man auch Zuschauer war, um zu sehen, wie es gewesen ist.

120.

Was erwarten wir Großartiges von den Abendnachrichten? Von der Bildzeitung erwarten wir auch nicht, dass etwas drinsteht. Schlagen wir nicht jeden Abend eine audiovisuelle Bildzeitung (insbesondere des Privatfernsehens) auf? Boulevard, das tägliche Abendkino. Hans Magnus Enzensberger nannte es „den bunten Schwamm auf den Augen."

121.

Ich bin entwurzelt. Das bedeutet, man kann mich überallhin verpflanzen.

122.

Schopenhauer und Heidegger in nuce: Angst kommt vom Willen. Der Wille wiederum macht dumm.

123.

Ist nicht die Angst vor dem Einfall des Fremden, sprich: die Angst vor einer Invasion von Ausländern, nicht ein Dekadenz-, sprich: ein Luxusproblem? Eine Gesellschaft, die vor Reichtum überquillt und wo der Einzelne nicht auf Urlaub zu verzichten vermag und nach Corona wieder fröhlich in den Urlaub fährt, eine Gesellschaft mithin, die auf den Zuzug von sogenannten Ausländern angewiesen ist – wie kann ihr Wohl und Wehe von dem Nicht-ins-Land-Kommen von Fremden abhängen? Der Wohlstand lässt uns wie Milliardäre handeln, die eine irrationale Angst davor haben, ihren Status Quo zu verlieren und deshalb im großen Stil Steuern hinterziehen. Verlustangst führt, wie es scheint, zu Amoralität, sprich hier: Fremdenfeindlichkeit.

124.

Manchmal werden Ironie oder pseudoironische Schwingungen auch dazu verwendet, Geistlosigkeit zu überspielen. Geistreiche Geistlosigkeit im Kleid der Unverschämtheit. Siehe: Oliver Pocher.

125.

Der Blick ist fraktaler geworden. Erfahrung lebt heute von Details, Ausschnitten und Kleinigkeiten. Siehe die Boulevardsendungen und ihre Neigung zu Petitessen, die auf eine Schlüssellochoptik beruhen. Gilt aber auch für die Lebenswelt. Es wird nicht mehr miteinander gesprochen, sondern man gründet sein Blickurteil rein auf den flüchtigen Eindrücken der „Vorübergehenden."(Baudelaire). Nicht erst seit Corona sind wir auf Abstand bedacht.

126.

Die Fußball-Sportschau am Samstag: Aus wenig wird viel gemacht.

Das fügt sich der Erfahrungsarmut des spätmodernen Lebens, bei dem von flüchtigen, ephemeren Eindrücken der Empirie ausgegangen wird und die Diversität des Lebens nachgelassen hat, die aus Arbeit, Fitnessstudio, Einkaufen, „lecker essen gehen", aus der Flugzeugreise zu einem überfüllten Strand auf Mallorca und eben Fußball besteht, also aus Arbeit und Erho(h)lung. Weg fällt fast jedes Vereinsleben/ fast jeder Vereinssport, weg fällt fast jede Form von Sinnlichkeit (Dysfunktionalität der Liebe, Smartphone-Solipsismus) und Kommunikation (das Miteinanderreden, Geselligkeit, jemanden spontan einladen, politische Diskussion/Stammtisch, Frauen anquatschen, ein Gedicht aufsagen und so weiter). All diese Erfahrungsmöglichkeiten sind also heute defizitär. Aus wenig wird also auch im täglichen Leben viel gemacht.

127.

Schlager ist ein anderes Wort für musikalische Dummheit. Früher war es die Religion. Heute ist es Helene Fischer und ihr unsäglich gespreizter und aufgedrehter Ex-Lover Florian Silbereisen, die fürsorglich und nicht ganz unzynisch der Dummheit huldigen. Die Akzeptanz von Schlagermusik ist also gestiegen. Grund: Man erfährt in einer unsinnlichen Welt so etwas wie ausgelassene Exzeptionalität, kann eine „Reduktion von Komplexität"(Luhmann) erfahren und mitsingend oder grölend bewusst eine Regression ins Einfache durchführen. Diese Dummheit macht für die Beteiligten Spaß. Das ist der Unterschied zu früheren Dummheitsformen wie der Religion oder von Schildbürgerstreichen.

128.

Eine Verarmung des Lebens und die Abflachung von Emotionalität zeigen sich auch in der Sprache, die von DSDS-Bohlen und nicht von Thea Dorn beeinflusst ist. Alles ist „Mega", „Hammer", oder „Mega-Hammer" oder „geil" oder „mega-hammer-geil" oder hat „Gänsehautfeeling". Die Sprache klingt so eindimensional und hohl wie ihre Urheber selbst. Der Spiritus rector der deutschen Sprache ist nicht mehr Luther, Goethe, Nietzsche oder Mann, sondern Dieter Bohlens DSDS und dessen zahlreiche Kopien, oder auch eines der populären RTL-Häme-und-Lästerformate wie „Ich bin ein Star, holt mich hier raus!" Je indolenter und aversiver der tägliche Umgang heute geworden ist, desto verarmter ist der sprachliche Ausdruck. Das meiste ist uns gleichgültig, lässt uns kalt. Korrespondierend zu einer dazugehörigen Verflachung der Emotionen wird das Gefühl frenetisch gefeiert, wenn es ausnahmsweise doch zum Ausdruck kommt. Es gibt heute also nur zwei Gemütszustände: Coolness im Sinne eines Emotionsverlustes sowie Coolness im Sinne von „Exciting", wenn doch einmal Emotionen aufflammen. Beide emotiven Aggregatzustände sind Ausdruck einer geistig-gesellschaftlichen Insuffizienz; beide gehen mit Verstandesferne einher. Für „die Gefühle", die bei DSDS immer wieder mit sprachlicher Einfalt beschworen werden, haben auch Sportler, zumeist mangels Bildung und/oder Fantasie, keine Sprache. Traue nie der sportlertypischen Bankrotterklärung der Sprache, die da lautet: „Mega, unfassbar" oder: „Das kann man nicht in Worten ausdrücken!" Könnte man sehr wohl, wie ein flüchtiger Blick in die Kulturgeschichte zeigt. Es wird eben nur den Falschen ein Mikrophon hingehalten.

129.

Der Faule redet die Dinge klein.

130.

DSDS als Indikator von Eindimensionalität: Nicht der Geist
oder die Weisheit wird beurteilt, sondern das Seelchen, das
nach Adorno „unverschämte Ich", wird nach „seiner Stimme"
beurteilt und ob der freche Teenie "Gänsehautgefühle" bei
zweifelhaft kompetenten Juroren zu evozieren vermag. Die Er-
fahrung ist doch reichlich dünn. Weintraubengewächse, quasi.
Unfreiwillig komisch, wenn sich hinter der „tollen Stimme",
ein rein kleingeistiger und von Narzissmus zerfressener Wille
verbirgt, so als ob das Paradies auf Erden erreicht sei, wenn
man es „in die Liveshows schafft." Man muss schon etwas
können, wenn man berühmt sein will. Da Popularität sich für
eine kleine Gruppe von Medienmenschen auch ohne großes
Können erfüllt, fühlen sich auch die Dummen und narzissti-
schen Nichtskönner von dem medialen Berühmtsein als Heils-
versprechen angezogen.

131.

Harsche Kritik kann man aus der Ferne üben. Je näher man an
den kritisierten Gegenstand rückt, desto weniger Wind hat man
in seinen Segeln. Nur der flüchtige Blick aus der Entfernung
eröffnet einen das Kritikerglück. Wer stets „die" Wahrheit sagt,
bleibt auf *lange Sicht* ein Arschloch.

132.

Die heutige Distanz nimmt bizarre Formen an. Lieber betäubt man
eine Frau und vergewaltigt sie, weil es für jemanden in der Lebens-
welt unerreichbar erscheint, mit einer Frau zu einvernehmlichem Sex
zu kommen. Zusätzlich „außen vor" empfinden sich Flüchtlinge, die
eine Sprach- und Kulturbarriere haben sowie oftmals noch nicht den
Status eines Familiengründers erreicht haben. Es sind aber durchaus
nicht nur Ausländer, die so vorgehen. Dass dieser Eindruck entstan-
den ist, liegt wohl an der unglücklichen Berichterstattung der nervö-
sen und alarmistischen Medien.

133.

Ich bin ein Mathematiker des Lesens und ein Literat im Mathemati-
schen.

134.

Wir lesen historische Bücher über das Dritte Reich und schauen do-
kumentarische Filme über diese Zeit, um uns an dem Bösen zu be-
rauschen, wie das beim Krimi der Fall ist. Aus sicherem Abstand in
unserer warmen Stube betrachten wir das Böse und den Tod wie
Pseudo-Longinos den Schiffsuntergang.

135.

Manche ekeln sich vor zu viel Süßem. Mein Großvater (Jg.1909)
pflegte immer zu sagen, wenn eine Torte auf dem Kaffeetisch stand:
„Geh mir weg mit dem Geknatschte!" Auch wenn etwas mit Sahne
angereichert daherkommt, so ruft das vor allen Dingen bei den in
Entbehrungszeiten groß Gewordenen eine gewisse Abscheu hervor
vor dem Zuviel. Wer im Mangel und nicht im Überfluss groß wurde,
für den war alles Gezuckerte außerdem ein Fest für den Gaumen, das
man sich auch erst verdienen musste. Es gehörte zu den seltenen,
meistens verbotenen Speisen und so kam es, dass unsere Großeltern
sich auch im Vollversorgungsstadium des Wirtschaftswunders das
Süße nur selten „gönnten."
Für manche der im letzten Krieg Geborenen gab es zunächst über-
haupt keinen Zucker. Eine Frau, die 1944 zur Welt kam, sagte als
Kind zu einer Rhabarberstange „Zuckerstange". Auch sie mag das
Süße nicht und nicht und das Fettige, das in den „gesundheitsbe-
wussten" 80er Jahren indiziert wurde. Auch exotische Mischformen
des Geschmacks (süßsauer) mag sie nicht und könnte sich angesichts

dessen „schütteln". Die Mischformen des Geschmacks werden oftmals als ekelig empfunden, da sich hier etwas vermischt, was die Frau als ehemalige Chemikerin, die alles fein säuberlich trennen musste, als Bedrohung ablehnt. Angst und Ekel bilden eine Einheit, folgt aus dem Gesagten. Man ekelt sich außerdem vor dem Zuviel, da man in Knappheitskategorien denkt und das Üppige als Exzeption bewahren will. Ein Ekel (Angst) vor dem barocken Zuviel bewahrt einen außerdem vor der Enttäuschung eines Zuwenigs, so wie der Verzicht vor der Bedrohung des Neides schützt.

136.

Die Geschichte der Menschheit entspricht der Genese eines Menschen. Erst dumm, dann schlau und dann mit einer Frau. Saturiert geht es im Alter zu, dann der Tod (der Geschichte), dann wieder dumm etc.

137.

Die Peitsche des Gefühls hilft dem Ross des Sinns auf die Sprünge.

138.

Der Wagen rollt weiter. Der Motor fiel aus. Posthistorie ist der Name von diesem historischen Garaus.

139.

Die Grenze von Arroganz und Jovialität ist fließend, besonders dann, wenn man gewohnt ist, auf dumme Menschen zu stoßen. Welcher intelligente Mensch ist dies nicht?

140.

Humor ist der Zucker in der Zuckerwatte der Literatur. Von Zucker allein wird man aber nicht satt.

141.

Die Reifeprüfung sollte nicht am Anfang, sondern am Ende des Lebens stehen.

142.

Spießerglück, was willst du mehr: den Rasen gestutzt, die Hecke geschnitten, das Unkraut vernichtet. Wehe, man sieht es, man sieht es mitnichten. Vorbeispazierende Augen richten.

143.

Ein Professor ist nicht notwendig ein Philister. Es kommt auf den Einzelfall an. Angesichts der Uni ist es wie mit guten Friseuren: Man kann in einem Billigsalon einen guten Barbier, in einem teuren Laden einen mittelprächtigen Haarschneider antreffen.

144.

Der Spätgeborene steht nicht selten unter dem Generalverdacht der Epigonalität. So ist jeder Aphoristiker seit Lichtenberg, Schlegel,

Nietzsche, Wilde und Kraus ein Kopist. Gilt nicht für andere Genres wie Roman oder Drama, die immer wieder neu erfunden werden können. Man müsste einem bekannten Namen haben, da nur der Sinnspruch aus bekannter Feder einen Mehrwert birgt: Man kann sich mit ihm schmücken.

145.

Was ist der Unterschied zwischen rechter und linker Gewalt? Die Idee von Letzterer ist richtig, das Motiv ist hehr. Für rechte Gewalt gilt das spätestens seit Hitlerdeutschland nimmermehr.

146.

Robert Musils ursprünglich rhetorische Frage, ob es dumme Musik geben könne, ist spätestens angesichts des dünnbrettbohrenden Gangster-Deutschraps heutiger Zeit endgültig mit "Ja" beantwortbar geworden.

147.

Die digitale Wunderwelt des Internets scheint uns unendliche Möglichkeiten zu eröffnen. Alle wesentlichen Fragen sind scheinbar lösbar, und mit ein, zwei Klicks lassen sich viele Probleme des alltäglichen Lebens erleichtern und gar beheben. Das Zutrauen in die generelle Machbarkeit von Technik ist also gewachsen, während globale Herausforderungen, wie das „Problem" des Klimawandels, immer drängender werden, aber uns nicht wahrhaft tangieren, da wir in der digitalen Seifenblase eines coolen Problemlösungspragmatismus schweben. Das Gegenfeuer Technik reicht nicht aus, um das Feuer der Industrialisierung in den Griff zu kriegen. Der Machbarkeitsglaube ist das falsche Bewusstsein von heute.

148.

Wer den Gegenstand definiert, braucht keine dicken Bücher darüber zu schreiben.

149.

Seitdem die Dummheit im Westen (Amerika, Europa) an die Macht gelangt ist, kann man nicht mehr so herzlich über sie lachen. Das Lachen bleibt uns im Halse stecken. Realsatire ist nur bedingt komisch. Angesichts von Corona kann man gar sagen: Rechtspopulismus ist lebensgefährlich.

150.

Ist Kants Ansatz in der „Kritik der reinen Vernunft" mit der Unterscheidung der Erkenntnis a priori und a posteriori nicht ein Henne-Ei-Problem? Man kann nicht für immer festlegen, ob das Innere dem Äußeren vorgeschaltet ist oder umgekehrt.

151.

In dem Maße, wie die Fernseher immer größer und schärfer werden, wird das, was über die Bildschirme flimmert bestenfalls immer belangloser und schlechtesten Falls immer dümmer.

152.

Glück ist, zu tun, was man kann. Dazu muss man freilich wissen, was das ist. Daran hapert es in einer kapitalistischen Welt, die das rationale Tun prämiert, nicht aber das sinnhafte. So wird aus dem Rationalen Sinn geschmiedet, der nicht immer mit dem jeweiligen Können konvergiert.

153.

Seit Nietzsche wissen wir: Das Leben ist nicht mehr tragisch. Da es nicht mehr „existenzial" ausgerichtet ist, gehen wir wegen jedes Kopfwehs zum Arzt. Wie schön ist es, ein wenig krank zu sein, nicht arbeitend stellt sich Sinn ein:

„Gesund werden!" (Nietzsche)

154.

RTL-Nachrichten: Ein psychisch Kranker ist aus der Psychiatrie ausgebrochen. Er bräuchte Medikamente gegen seine Wahnvorstellungen. Es wird kein Unterschied gemacht zwischen forensischen und Akuteinrichtungen. Es wird nicht nach Negativer und Plussymptomatik unterschieden. Das „Man" kennt nur Letzteres. Und dieses, das geht aus der Nachricht hervor, ist „gemeingefährlich". Das Märchen vom Musils „Moosbrugger" wird nicht wahrer dadurch, dass man es immer wieder erzählt. Selbst Intellektuelle haben auch heute noch krude Vorstellungen von der Schizophrenie, sodass das Klischee Eingang in die Literatur (Geschichte) gefunden hat. Die meisten der an Schizophrenie Erkrankten sind harmlos und ganz im Gegensatz zu den öffentlichen Vorstellungen eher willensschwach und antriebslos und äußerst menschenscheu (und sensibel). Nur die Aggrovariante aber ist bekannt. Zumeist leidet der Kranke still, verliert etwa seine geistigen Fähigkeiten, leidet am Verlust von Affekten, leidet also an „Negativsymptomen", also an einem Mangel, nicht an einem Zuviel.

155.

Zeit für ein wenig Zynismus. Der Klimawandel birgt dialektisch ungeahnte Optionen: Weihnachtsgrillen und das Unnötigwerden von Flugreisen in die Wärme sowie das Sicherstellen und Verlässlichmachung von Sonnenenergie.

156.

Zum literarischen Quartett: Es stellt sich die Gretchenfrage: Ist der Autor weiser, klüger, fantasievoller als der Leser? Wird sie mit „Ja" beantwortet, kommt es zur gnadenlosen Unterwerfung; wenn sie mit „Nein" beantwortet wird, kommt es zu einem gnadenlosen Verriss, also Abwertung. Nach diesem Spielplan verletzter (ich finde einen Text gut, den ein anderer als schlecht einstuft) oder geschmeichelter

Eitelkeiten (Ich vertrete und identifiziere mich anerkennend mit einem schlauen Text) funktioniert die bekannte Bücherdiskussionsrunde, die zudem nach einem kompetitiven Prinzip ausgerichtet ist.

157.

Feierstunden und -tage kommen heute so selten vor. Der Alltag, in dem wir uns überwiegend aufhalten, ist eintönig und grau. Obwohl wir alles haben, fehlt es uns am Nötigsten. Der Fußball bietet so eine Feierstunde. Die Welt ist hier wieder bunt, obwohl der Fußball schwarz-weiß konturiert ist. Das Schwarz-weiße wird hier also bunt. Klare Differenz (zwischen Gut und Böse) statt amorpher Uneindeutigkeit.

158.

Wie konnten wir uns nur so in diese Frau, in diesen Mann verlieben. Nach dem Fußball, nach der Hochzeit kommt die Nüchternheit. Wir schlagen mit dem Kopf auf der Realität auf. „Wie konnten wir uns", denken wir nach dem Ende des Spiels, „so in das Nationale verlieben", angesichts der Langeweile des Ballgeschiebes, was Fußball eigentlich ist.

159.

Die Leute wissen am Sonntag mit sich und auf der Welt nichts anzufangen. Die Geschäfte sind zu. Gott ist tot (Totgesagte leben länger), Vereine sterben aus, Freundeskreise dünnen sich aus. Sonntags ist der Mensch ohne Ablenkung durch Arbeit mit seiner Entfremdung konfrontiert. Der Mensch ist ein Homo Ennui geworden. Das ist er in einer Gesellschaft, die nur Arbeit als Lebensglück kennt, seit jeher. Nur: Am Sonntag fällt es auf.

160.

Das Fernsehen hat eine die heutige Weltarmut und andere moderne Sozialpathologien kompensierende Funktion.

Es ist wie das Radio schon lange zu einem Alltagsbegleiter geworden. Das Fernsehen leistet dabei heute das kompensatorisch, was früher das Soziale übernommen hatte. Morgens bietet es eine Starthilfe in den Tag, die die morgendliche Lähmung und das Unausgefülltsein mit einem Redeschwall zerstreut. Wer morgens früh aufstehen muss oder wach wird, wird nicht alleine gelassen. Wenn er, wie zumeist, ein Single ist, wird so seine Einsamkeit verdeckt, während die Zeit rasend schnell abläuft, die das Dauergequatsche einzuholen versucht und so den Effekt der „beschleunigten Zeit" (Hartmut Rosa) noch einmal steigert. Man braucht nicht im morgendlich leeren Kopf nach Gedanken zu kramen. Anstelle dessen treten Informationen, die zugleich zumeist launig kommentiert werden.

Wer das Pech oder Glück hat, mittags Fernsehen zu gucken (oder zu müssen), wird gegen Mittag (um „Punkt 12") mit Mittagsmagazinen versorgt. Die Welt ist weltarm, so erfahren wir hierbei weiterhin. Der tatsächlichen Erfahrungsarmut wird hier Ereignishaftigkeit vorgegaukelt. Nach dieser Sendung am Mittag, zu der der einsame Mensch seine Mahlzeit einzunehmen pflegt, kann man sich ein wenig ausruhen. Eine enge Taktung von Nachrichtensendungen zur Mittagszeit lässt die Welt scheinbar ereignisdicht in die einsame Fernsehstube einfallen. Wenigstens passiert draußen, also im Fernsehen, etwas. Der Nachmittag wird mit der Antiquitätensendung „Bares für Rares" bewältigt oder mit Zooformaten überbrückt, in denen dem Leben nachgespürt werden kann, was so die Langeweile dämpft, aber nicht aufhebt. Bei „Bares für Rares" wird nicht nur die Weltarmut durch Ereignishaftigkeit kompensiert, sondern Kultur gegen Geld eingetauscht und als das Weltbild des Spätkapitalismus zementiert, nach dem Antiquitäten auf den Müll gehören, es sei denn, man kann mit ihnen eine stattliche Summe, um damit „lecker Mittagessen" zu gehen, erzielen. Es gibt keine Geschichte mehr für den postsozialen Menschen und wozu braucht man Kultur überhaupt noch? Man kann doch auch Fernsehen gucken. Die Abendbrotzeit wird durch Boulevardformate im Vorabendprogramm und schließlich durch die RTL-Nachrichten eingeläutet. Man hat es wieder mal geschafft. Der Druck des Tages, immer etwas machen zu müssen, aber nur auf den Fernseher verwiesen zu sein, fällt ab. Jetzt kann man sich im Fernsehen anschauen, was in der Welt doch so alles passiert ist, während man sich wie Oblomow auf dem Sofa geräkelt hat. Mit einem Wissensquiz geht es munter und heiter im Programm weiter, wobei diese Formate die Funktion haben, uns in unserer ‚Bildungsflickenteppichheit' dennoch als Wissende zu erleben und somit ein für den Einzelnen schwindendes Wissen, das durch Komplexität und Spezialisierung entsteht, zu kompensieren. Nach den Tagesjournalen folgen dann die politischen Talkshows, die das Reden über Politik und den weitgehenden Wegfall des Stammtischs kompensieren. Es werden für den passiven Zuschauer quasi anstelle der eigenen Gedankenförderung Meinungen vorgegeigt. Das Schwinden des Sozialen hat auch ein Schwinden des politischen Diskurses zur Folge, was durch das Fernsehen zugleich aufgefangen und perpetuiert wird.

Zwischendurch schauen wir gerne einen Krimi, der unser nicht „existenziales" Leben zeigt, quasi wie ein Quiz (die Frage nach dem Täter). In der Coronazeit wurde das Fernsehen wieder existenziell. Es gab wirklich etwas zu berichten im Fernsehen und das Fernsehen war nicht nur ein Medium, der Langeweile anhand einer Tagesstruktur zu vernichten. Leben und Fernsehen hatten wieder einen Sinn: sich zu informieren und die eventuelle Quarantäne und den Shutdown zu erleichtern. Leben war als „Sein zum Tode.", auch im Fernsehen wieder zu erreichen.

161.

Wie sorglos gehen die Menschen im digitalen Zeitalter mit ihrem Innenleben als Kraftquelle des Verstandes und der Fantasie um. Man erwartet, „in-der-Welt" nichts mehr zu erfahren, weder optisch, noch gedanklich, also setzt man sich in einer Kommunikationspause reflexartig den Kopfhörer auf oder fummelt die Stöpsel in die Ohren, um der Welt, die als repulsiv erlebt wird, zu entfliehen. Wann um

alles „in-der-Welt" entwickelt man noch eigene Gedanken? Die Reiz-
quelle muss schon hoch sein, damit sie uns veranlasst, die Kopfhörer
abzunehmen. Jemand fragt nach dem Weg oder ein Bekannter macht
sich bemerkbar. Ansonsten wandeln wir wie Lemuren durch die
Welt, sind artifiziell nach „innen geleitet" (Riesman), aber ohne aura-
tisches Innenleben in Bezug auf die Welt. Sprechen wir mit dem
Nächsten dann über Musik? Oder über das Hörspiel, das wir gerade
halbherzig konsumiert haben? „Ja kein Stillstand", heißt die Devise.
Der aber ist notwendig, quasi als weiße Leinwand im Kino, auf die
im nächsten Augenblick der Hauptfilm projiziert wird. Bevor es los-
geht mit dem eigenen Gedanken, muss eine kurze Zeit des Leerlaufs
möglich sein. Wir haben eine panische Angst vor Langweile, außer-
dem kann man dieses „Innen ohne Innerlichkeit" als ein Nachah-
mungsverhalten im Sinne von Gabriel Tarde interpretieren. Auch,
da die Welt mit Hartmut Rosa resonanzarm und von Distanz geprägt
ist, schalten wir panisch in den Modus der Dauerberieselung um.
Man hat auch in einer digitalen und beschleunigten Zeit Angst, man
könne etwas, nach dem heute dominierenden Konzept der Rationa-
lität, verpassen oder eine Minute quasi ungenutzt lassen. Mit der Nei-
gung zur smartphoneunterstützten Dauerberieselung sendet man ge-
wollt oder ungewollt aber auch ein Zeichen an seine Umwelt: „Ich
komme auch ganz gut ohne die anderen aus, bin mir selbst genug",
was oftmals in schneidendem Kontrast zu dem tatsächlichen Lei-
denspotenzial, verursacht durch Einsamkeit, steht. Weiterhin sendet
man das Signal aus, das in der heutigen Gesellschaft eine hohe Ak-
zeptanz besitzt: „Ich bin gerade sehr beschäftigt. Ich habe keine Zeit
für eine eventuelle und befürchtete Banalität. Ich muss Multitasking
an den Tag legen, damit ich all meine Aktivitäten unter einen Hut
bringen kann." Zuletzt bedient man sich der beschriebenen Kultur-

technik, weil man musikbegeistert ist und die Welt, beispielsweise unter dummer Hip-Hop- Musikuntermalung, so etwas wie Erhabenheit bei demjenigen auslöst, der diese hört. Stimmung hat man, aber keine Gefühle, was so viel bedeutet wie: „Ich bin cool!"

162.

Für die linken Wähler ist eine demokratische Wahl mit einem Kauf eines Loses an einer Jahrmarktlosbude gleichzusetzen: Man weiß im Vorhinein, dass man nicht den Hauptgewinn zieht. Für die größere Menge ist es genau umgekehrt: Für sie ist gewiss, dass sie den Hauptgewinn zieht, da ihre Eltern Geld haben und sie solange Lose kaufen werden, bis man den großen Preis gewonnen hat, was ein nicht geringes Motiv zur Wahl einer rechten Partei ist: zu den Gewinnern zu gehören wollen.

163.

Bildung ist ein Denkwerkzeug und sollte nicht zur Distinktion missbraucht werden, was oftmals Juristen und BWLer betrifft, die sich angeblich für Kunst interessieren, um damit anzugeben und anderen, besonders weiblichen Adressaten zu imponieren.

164.

Wir lesen aus Vergnügen, nicht aufgrund von einer Bildungshuberei. Wer liest, dem sollte ein Zusammenhang aufgehen, so wie bei einer bestimmten Naturkonstellation ein Regenbogen entsteht, wenn Sonne und Feuchtigkeit aufeinandertreffen. Um diesen Gesamtzusammenhang geht es beim Lesen, nicht darum, Lesefrüchte zusammenzutragen und damit Renommistereien in das Gefecht eines Bildungsgesprächs einzubringen.

165.

Indiskretion ist ein Zeichen für Dummheit. „Der Ehrliche ist immer der Dumme!", mal ganz anders gesehen. Der stupide Mensch kann nicht auf Kulturthemen ausweichen und er hat nicht die Fantasie zum Lügen. Er ist auch dem Moralischen näher als der kluge Mensch. Die Rede von der Intelligenzbestie ist wörtlich zu verstehen. Gelangt ein Dummy hingegen an die Macht, herrschen nur Scherben und Krach.

166.

Frauen verknüpfen immer alles mit allem. Egal, ob es im gegenwärtigen Fall Sinn macht, oder nicht: Es wird pragmatisch gedacht. Im Zweifelsfall auch an der Wahrheit vorbei. Von diesem geistigen Pragmatismus können sich nur wenige Frauen lösen, weswegen die Philosophiegeschichte männerdominiert ist.

167.

Hauptsache, man hat eine Utopie, kann man mit Ernst Bloch festhalten. Dabei ist es egal, ob sie eintritt oder nicht. Sie hilft uns, den Alltag der Gegenwart zu meistern. Es ist ein Horizont des Ungefähren, der vor einem liegt, wie bei einem Meeresblick. So ähnlich ist auch unsere Jenseitserwartung konfiguriert. „Dann geht es irgendwie weiter", denken wir, so wie wir in Wochenenden denken in einer entfremdeten Arbeitswelt.

168.

Dekadenz ist das Stichwort der heutigen Überflussgesellschaft. Das „Sein zum Tode" ist durch ein „Sein zum Luxus" abgelöst worden. Das Leben ist nicht mehr „existenzial" ausgerichtet, sondern gehorcht den Grundsätzen eines Lebens im Schlaraffenland, in dem jeder Reisewunsch möglich wird und höher gepimpte SUV-Autos den Ton angeben. Wenn die Urheberrechte für künstlerische Produkte die Menschen auf die Straße treiben, lässt sich aus diesem Verhalten gesellschaftliche Dekadenz ablesen! Uns geht es allzu gut nach fetten Jahren der wirtschaftlichen Prosperität. An dem Gefühl, dass es der Wirtschaft gut geht, möchte jedermann partizipieren, auch wenn tatsächlich längst nicht jeder von dem Wachstum profitiert. Das Lotterleben ist trotzdem, so scheint es, zum Normalfall geworden, eine Orientierung „nach oben", die man im kleinen Maßstab erheischt und verwirklicht, ist gang und gäbe. Jedermann fühlt sich heute bemüßigt, eine Kreuzfahrt zu unternehmen. Ein Sinnbild der Zeit: Oasen des Reichtums und Wohlergehens schwimmen auf einem ruhigen Fahrwasser der Prosperität. Wehe nur, wenn die See richtig rau wird und unsere Luxus-Arche-Noah manövrierunfähig wird! Ein Schuss vor den Bug, das war die Coronakrise! Die Seinsenthobenheit oder „Uneigentlichkeit" des sorglosen Daseins verwandelte sich schlagartig in einen existentiellen Schrecken. Die Zeiten von Not, Entbehrung und Daseinsunsicherheit schienen vorbei und überwunden zu sein, so dachte man vor der Corona-Pandemie. So nahm sich auch das sogenannte Flüchtlingsthema als Luxusthema aus. Weit entfernt von der tatsächlichen Bedrohung wird auch der kaum noch zu leugnende Klimawandel zu einem Phänomen eines wohltemperierten Behagens. Manche Schwimmbäder machten im letzten Jahr, dem Höhepunkt der neuen Dekadenz, wegen der Hitze schon im März auf. Grillen und Eisdielenbesuche werden zum heiteren Lebensspaßmoment einer Katastrophe, die Klimagipfel an Klimagipfel reiht und perpetuierend auf den Sankt Nimmerleinstag verschoben wurde. Auch das Internet bietet zweierlei Arten und Weisen der Seinsenthobenheit: 1. Den Flowmoment des praktischen Bestellens und Warenauswählens im Netz 2. Ein Paket mit der Ware kommt zu uns nach Hause. Dass das eine auf dem Rücken der Paketboten erfahrene Leichtigkeit ist, wird dabei allzu leicht verdrängt. Die Seinsenthobenheitserfahrung eines Shoppingerlebnisses wird allein durch das Schielen auf den Preis noch ein wenig konterkariert. Auch Fußballereignisse haben heute eine das Dasein erhebende Funktion, die gerade in der Krise dafür sorgt, dass man die Arbeit, den Stress dort, die Flirtmüdigkeit als Schambarriere für Momente hinter sich lassen kann. Man hockt als moderner Mensch zu lange in einer „Waldeinsamkeit" (Ludwig Tieck), in der die Verbindung zu anderen Menschen fehlt. Wenn aber ein großes Fußballturnier ansteht und irgendwelche Deppen unter deutschen Fahnen um die Ehre unseres Landes kicken, wirft der Prof. seine Bücher in die Ecke und der Müllmann lässt seine Tonnen stehen, nur um im Fernsehen Fußball zu sehen. Das ist in einer weltarmen Welt ein entlastendes Phänomen. Das ist dann auch der Grund für die elektrisierende Verbindung der Menschen angesichts des Fußballs. Man tritt heraus aus seiner Spezialisierung, für den Augenblick wird unser kompliziertes Dasein auf einen unkomplizierten Nenner gebracht. Seinsenthoben gleiten wir durch den Tag in die Nacht.

169.

Je kürzer ein Aphorismus ist, desto höher die Erwartung an Geist, den wir uns von ihm versprechen.

170.

Im 20. Jahrhundert gab es noch sogenannte „Brillenschlangen". Man trug eine Brille nur dann, wenn es sich nicht vermeiden ließ. Dann kamen in den 80er Jahren Kontaktlinsen auf und viele wurden von der Bürde, eine Brille zu tragen, befreit. Ein Brillenträger galt als hässliche, bestenfalls verschrobene oder komische Type, allenfalls als Streber akzeptierte Sozialfigur. Sie war auch ein Markenzeichen von Nerds. In den 50er Jahren ging der Spruch herum „Mein letzter Wille, ein(e) Mann/Frau mit Brille!". Und heute? Die Brillen sind nicht mehr ganz so groß und wuchtig wie in den 70er und 80er Jahren, aber auch nicht so klein wie dialektisch in der Periode der 90er Jahre. Man hat heute einfach klassische Brillengestelle als stylishes Accessoire, mit dessen Hilfe man jedes Durchschnittsgesicht aufzuwerten vermag. Brille zu tragen ist nicht mehr ein Makel, sondern in einem Shift des Schönheitsverständnisses zu einem Insignum von Attraktivität und Intelligenz geworden. Wer trägt in der heutigen Smartphone- und Computerbildschirmwelt eigentlich heute *keine* Brille? Die Mehrheit macht den Geschmack.

171.

Männer sind bisweilen veritable Grobmotoriker. Deshalb sind sie auch zumeist Küchendummys, nicht nur, weil sie zu bequem oder faul sind (das auch), sondern auch, weil sie für das Ungefähre in Haushalt und Küche keine Antennen haben. Wie viel Gramm sind eine Brise Salz? Woran erkenne ich, ob das Fleisch durchgebraten ist?

Wie gehäuft muss der Teelöffel sein, um das rechte Maß zu haben? Frauen können besser mit dem Amorphen, Ungefähren, Leiblich-Intuitiven umgehen und operieren. Schon durch die Geburtsfunktion sind sie wahre Pragmatikerinnen geworden, auch und gerade, wenn sie Angaben, die für die Männer zu ungenau sind, machen.

172.

Je mehr Unglaube, desto mehr Aberglaube.

173.

Was einem an Schönheit im Alter abgezogen wird, gewinnt man an Interessantheit hinzu.

174.

Das Ende bedeutet den Beginn der Eis-Zeit.

175.

Die Mode nimmt in dem Maße, wie zwischen den Geschlechtern Distanz herrscht, immer mehr erotische Züge an. Die Mädchen zeigen mit figurbetonten Hosen alles, die Männer werden immer narzisstischer, locken mit Locken oder militanter Männlichkeit. Die Mode wirkt wie eine Verzweiflungstat. Ein Pfau schlägt unentwegt sein Rad, das nicht mehr bunter zu werden vermag.

176.

Meine alte Schule. An der Schule vorbei. Tausend Augen starren mich an. Wieherndes Gelächter, nur der Hund kennt keine Scham: Ich bleibe stehen, während mich 100 Fensteraugen aus der Schule ansehen!

177.

Etwas Besonderes ist man nur, solange man für sich bleibt.

178.

Der tiefere Grund für die Zunahme an psychischen Erkrankungen: „Trieb trifft auf Distanz." Mit Norbert Elias und Michel Foucault: „Fremdzwänge werden zu [gefängnishaften]Eigenzwängen."

179.

Nichts ist heute größer als die Sehnsucht nach körperlicher Nähe. Doch in dem Maße wie wir ihrer bedürfen, weisen wir sie empört zurück.

180.

Ein Stückchen Welt flimmert über den Bildschirm. „Die Welt ist also noch da", denken wir und meinen die Flimmer-Glamour-Reality-TV-Welt. Erlischt der Bildschirm, erlischt auch die Welt.

181.

Was unterscheidet die heutige Unipraxis von der Schulpraxis? Antwort: Die höheren Lehrkräfte nennen sich Professoren.

182.

Die Frisurenmode für Männer ist heute mehr denn je in Lebensalter-Schichten aufgeteilt. Die Teenies (12-20) tragen die Haare wuschelig nach vorne (cooler „Schluffylook"), die Generation der Fußballprofis (20-40) beharrt auf dem Haartollen-Militanz-Look, wobei auch hier die Haare neuerdings wieder nach vorne (aber seitlich kurz) getragen werden (coole „Härte"). Alles, was älter als diese Generationen ist, hat die Seiten nicht so kurz, aber, wenn möglich, Haartollen. Der Rest hat die klassische Ceasarfrisur oder pflegt einen Retrolook, der, ehe man es sich versieht, wiederum von den Teenies aufgegriffen wird, die für sich beanspruchen, am ehesten der Avantgarde anzugehören (z.B. Vokuhila). Die friseurlose Zeit in der Coronakrise hat den Buzzcut, der schon vorher ein Thema war, in den modischen Vordergrund gespült. Oder aber das Ungeschnittene („undone") wurde zu einem Modethema. Wir können auf Fußball (der zu einem Frisurenlaufsteg mutierte), auf Restaurantbesuche, auf Reisen verzichten. Auf Friseure können auf Dauer nur schwerlich verzichten. Dass die Dekadenzgesellschaft in Coronazeiten weiterging, das kann man daran ersehen, dass mit dem Buzzcut aus der friseurmäßigen Not eine modische Tugend gemacht wurde. Zur Mode wurde seit

Corona das Nützliche und Praktische. Die Wichtigkeit der Mode ist ein Dekadenzphänomen.

183.

Die Ärmsten der armen Länder machen Kleidung für die Ärmsten der reichen Länder, oder – was am schlimmsten ist – für die sogenannten Schnäppchenjäger, die gar nicht darauf angewiesen sind, was in der angenehmen Atmosphäre des Wohlbehagens eines Shoppingtages untergehen mag.

184.

In dem Maße, wie der Sonnenbrillenträger glaubt, er würde auffallen, ist er für andere dadurch unsichtbarer. Deswegen werden die Sonnenbrillen immer auffälliger und größer.

185.

Das „falsch Zeugnis reden", also das konspirierende Lästern, gehört zur Gemeinschaft wie der Sex zur Liebe. Das häufigste gemeinschaftsbildende Thema ist die Differenz Arbeit/Nichtarbeit, faul/fleißig oder auch Geld/Nichtgeld.

186.

Reiche Dummheit verdichtet sich zu einem Vexierbildgesicht, welches zwischen Empörung und Komik changiert.

187.

Misslungene Kommunikation von innen: Ein Vogel wird aufgestört und fliegt gegen eine Fensterfront.

188.

Über Dinge, die wir nicht verstehen, können wir uns immer wieder aufregen.

189.

Sobald wir das Zentriert-Schöne in einer kommunizierenden Weise rezipieren, schauen wir mit anderen Augen auf das Schöne, welches sodann lächerlich auf uns wirkt (Soul- und Funkmusik nicht in der Diskothek). Wir schämen uns dann unserer Gefühle, die sich in unserem Musikgeschmack offenbaren, wenn die Musik nicht alleine auf uns wirkt, sondern ein „Ohrenzeuge" (Elias Canetti) uns quasi über die Schultern horcht.

190.

Die Liebe birgt eine List der Natur: Sie dient der Konservierung der geschlechtlichen Lustbindung zwecks Aufzucht von Nachkommen.

191.

Ich hinterlasse nur Gedanken, die am Haus des Spießers wie Kletterpflanzen ranken und es in ein Märchenschloss verwandeln.

192.

Psychische Erkrankungen sind die Inhumanitätsindikatoren einer Zeit.

193.

Für das linksalternative Bürgertum ist Meditieren ein Sich-tot-stellen angesichts von Arbeit. Siehe: Rainer Langhans.

194.

„Wenn ich lese, bin ich klug, wenn ich spreche, bin ich dumm." Gilt wohl für alle Leser. Für Nichtleser gilt das Gegenteil.

195.

Unsere Obsessionen sind es auch, die unser Verhängnis ausmachen und unser Schicksal besiegeln.

196.

Reden ist ein Zwang zur Wahrheit, wo keine ist.

197.

Kaum etwas löst aggressivere Impulse aus als die ausgestreckte Hand des Bittens. Indem wir gezwungen werden, zu helfen, wird unser alltägliches Wohlbefinden und unsere Freiheit infrage gestellt. Juden und andere ethnische oder religiöse Gruppen wurden genau deshalb verfolgt: Ihre bittende Demutsgeste, ein Leben angesichts von Gott, kombiniert mit einem verzopften Aussehen, löste schon immer Aggressionsimpulse aus. Prachernd, sich demütig zeigen und das noch in Kombination mit einem anderem Aussehen, das als Unhygiene gedeutet wurde (farbige Menschen werden von Weißen nicht selten als „dreckig" empfunden und die langen Zöpfe und Haare der Juden verweisen scheinbar auch auf eine gewisse Ungepflegtheit), lösen einen Aggressionsimpuls aus. Wer wimmert, bekommt eine Ohrfeige. Der Hund, der quiekt, wird angeherrscht, weil wir unser eigenes Mitleid, das ins Leere geht, nicht aushalten können. Wir wollen außerdem selber bestimmen, ob und wann wir moralisch handeln und wann nicht. Das moralische Gefühl darf keinem Zwang ausgesetzt sein. Dann löst es Aggressionen in uns aus.

198.

Nicht Cultural Studies, sondern Hermeneutik des Sinns: Es geht bei Produkten der Massenkultur nicht darum, ob sie von vielen Menschen konsumiert werden und somit dem gemeinen Verstand genügen, sondern ob sie einen verborgenen, tieferen Sinn in sich bergen.

199.

Denken ist Angeberei für (Ein-)Gebildete.

200.

Zu unserem niedlichen Minidoodle. Wie schön und süß und gar putzig kann die Natur erscheinen und zugleich grausam und wild sein. Das Putzige und Schöne ist nur ein Köder bzw. eine Mimikry der Natur, die das Böse verschleiert.

201.

Gott ist wie ein unorganisierter Nachtesser: Immer dann, wenn es ihm in den Sinn kommt, nimmt er ein frisches Ei oder auch zwei oder das letzte verbliebenen Ei der alten Packung und schlägt es in die Pfanne, um daraus sein Lieblingsrührei zu bereiten. Gott ist so unberechenbar wie ein Koch zu nachtschlafender Zeit. Wie ein launisches Kind hält er uns in Atem, ohne dass er weiß, was er anrichtet.

202.

Die Dummen sind, wie es scheint, zur Belustigung und zum Erzittern der Klugen da.

203.

Die Zeit im Zeitraffer: Tag/Nacht, hell/dunkel. Wir schauen auf die Landschaft, die bei einer Zugfahrt an uns vorbeifliegt. Wir fixieren träumerisch etwas darin. Ach, könnten wir doch das festhalten, wovon wir doch Zeuge sind!

204.

„Brennpunkte", also journalistischer Alarmismus, häufen sich in dem Maße, wie sich vom Standpunkt des Posthistoire aus nichts mehr ereignet (das heißt, die Kulturgeschichte schreitet voran, während auf der politischen Ebene das Ereignis ausbleibt, was Sendungen wie „die ultimative Chartshow" dokumentieren). Neulich zeigte die ARD einen Brennpunkt über einen verunglückten Reisebus. Muss man sich nicht viel mehr wundern, dass das nicht häufiger etwas passiert, man also einen „Brennpunkt" senden müsste, wenn nichts passiert? Heute überschlagen sich die Brennpunkte dann auch seit der Corona-Epidemie. Ein allgemein gestiegener Alarmismus findet sein Objekt.

205.

Das Handy ist zumeist nur die Bedingung der Möglichkeit von Sozialität, nicht Sozialität selbst, eine Ersatzform von Sozialität, bei einem Schwund derselben.

206.

Wer in Mathe eine Schwäche hat, ist entweder ein Genie oder ein Dummkopf. Ein Blick in die Geistesgeschichte zeigt: Alles Mathematische verhindert ein geisteswissenschaftliches Genie.

207

So unruhig wie der suchende Blick, so unruhig ist die Rezeption von Kurzprosa, Aphorismen und Gedankensplittern. Es wird nicht der Reihe nach gelesen, sondern es wird der unruhige Flug einer Wespe im Herbst (also in Angriffslust) bevorzugt, mal hier verweilend, mal dort sich beeilend, keine Ruhe findend, von einem Prosastück willkürlich zum nächsten schreitend.

208.

Zu den faschistischen Restbeständen der Gesellschaft gehört u.a. die Vergötzung der (erwerbstätigen) Arbeit. Jemand mag ein Arschloch sein, sofern er „hart für seinen Erfolg gearbeitet hat", zollen ihm die meisten dafür Respekt. Eine Arbeit hingegen, die ein Mensch ausübt, die nicht lukrativ ist, ist kaum etwas wert. Dazu gehören die Hausarbeit, Kindererziehung und die Betreuung und Pflege der Eltern. Die positive Beantwortung der Frage „Was arbeitet der eigentlich?" ist die Eintrittskarte in die Gesellschaft des „Arbeiters"(Ernst Jünger) und der damit verbundenen Anerkennung, die dem Mantra „Ich arbeite nur, weil jeder arbeiten muss." gehorcht. Andere intrinsische Gründe fallen dabei unter den Tisch, unter dem man seine Füße ruhigstellen sollte, wenn man keinen Ärger machen will.

209.

Die Blöden haben auch in der Geistesgeschichte die Oberhand. Verirrt sich ein kluger Mensch in ein Philosophieseminar, wird er behandelt wie ein Aussätziger. Man zeigt ihm die kalte Schulter, da er eigenständige Gedanken zu produzieren vermag, während die Doofen am Rockzipfel des zur Rede stehenden philosophischen Klassikers hängen und diesen eifersüchtig bewachen, wie Jagdhunde die Beute.

210.

Die im Haushalt des Alltäglichen Gefangenen, treten in ein Netz, das sich umso mehr zusammenzieht, je hastiger sie versuchen, sich daraus freizustrampeln.

211.

Bei Zornmenschen setzt der Verstand erst mit dem zum Durchbruch kommenden Willen ein. Der Verstand des Zornmenschen springt dann von einem Vorwurf zum nächsten. Bei Zornvermeidungsmenschen hört der Verstand auf zu ticken, wenn Aggression sich in die stoische Regungslage mengt und gar die Regie übernimmt. Sein Verstand wird vom Zorn wie von einem Wildbach weggerissen.

212.

Der Krankenwagen steht vor der Tür! Endlich ist etwas passiert, habe ihn nicht gerufen, umso mehr gucke ich ungeniert. Der Krankenwagen steht vor der Tür. Endlich ist was passiert!

213.

Im Impressionismus ist es das Sehen, im Expressionismus die sichtbare Emotion, im Kubismus die das Einfrieren der Dynamik der Bewegung, und schließlich: in der Abstraktion? Dort wird das Problem der Abbildhaftigkeit/Nichtabbildhaftigkeit der hier genannten Stilrichtungen thematisiert.

214.

Kapitalismus bedeutet: auf Vorrat Essen anlegen. Die vorausspringende, fantasierte Not einer Nichtverfügbarkeit über Nahrung lässt uns daran festhalten. Der Kapitalist ist eine ängstliche Feldmaus. Sie lebt in Saus und Braus, hat aber ständig Angst, nicht satt zu werden. Deswegen legt sie ständig Vorrat an. Der Kapitalismus ist auf dem Fundament der Angst errichtet.

215.

Der Fußball ist so wie das Leben. Ehe ich mich versehe, habe ich mir ein Tor eingefangen. Und: Je mehr Wille und Glaube an mich mir zu Gebote steht, desto eher gelingt mir ein Gegentreffer.

216.

Der Zug des Lebens rast dahin. Wir können nicht aus ihm aussteigen. „Zeit, Zeit, halte doch an!", einen Cappuccino getrunken im Bistrowagen. Die Frau des Lebens, vielleicht schneit sie rein oder setzt sich beim nächsten Halt in mein Abteil. Der Zauber des Anfangs? Doch sich wieder nicht getraut, so dass er verfliegt, der Augenblick, melancholisch zum Fenster rausgeschaut: Die Landschaft, sie fliegt vorbei, die Zugfahrt des Lebens geht schnell vorbei.

217.

Wenn die Kerze des Lebens heruntergebrannt ist, ist jeder Tag ein Geschenk.

218.

Ein Gespräch ist wie das Hüten eines Kaminfeuers. Die Flamme des Gesprächs darf nicht zu hochschlagen, aber auch nicht ausgehen. Das gilt auch für die Flamme der Liebe.

219.

Wie angenehm ist es, an der Welt der Schönen und Reichen zu partizipieren. Solange hier nichts passiert, kann mein Leben auch nicht verloren sein." Solange man sich mit den Scheinproblemen von anderen befassen kann, kann man seine eigenen Sorgen hinter sich lassen. Zumeist hatte man/frau im Zustand der „Affluent Society" keine materiellen Sorgen. Solange andere auch keine existenziellen Sorgen haben, kann ich mein sorgenarmes, aber existenzialontologisch nicht gebundenes, angenehmes, aber langweiliges und lebensarmes Dasein fortführen.

220.

Der erste Eindruck im Sinne einer Erwartungshaltung ist immer ein negativer. Wir erwarten das Schlimmste, in dem Maße, wie wir selbst viel Federlesens um die eigene Intelligenz machen.

221.

Selbst wenn Thomas Hobbes recht hätte und wir von einem Krieg omnes contra omnes ausgehen müssen, was eine Mimesis zivilisierter Gesellschaften zu sein scheint, bleibt das omnes contra omnes auf einer höheren Ebene zwischen Nationalstaaten bestehen.

222.

Weihnachten als Tradition der Tradition. Die Ironie hilft uns ein wenig über unseren Unglauben hinweg. Zu Gott betet nur der Todesnahe. Der Rest ist Stimmung, Kitsch und Jahreszeitstruktur.

223.

Wissenschaftler sind überlaufende Wasserschalen. Unter ständiger Pumpzufuhr von Wissen und bis zum Anschlag mit Lehre und Organisation befasst, die in das hineingepumpte Wissen eingehen, kommt am Ende nur ein Wassertropfen an Originalität dabei heraus.

224.

Das Bewusstsein schwebt über dem Resonanzboden des Gefühls wie die untergehende Sonne über dem Meer.

225.

Geht es bei dem Ganzen von Heidegger so genannten „Gerede" nicht nur darum, dass keine Stille entsteht? Man redet, das hat Heidegger sehr schön erkan(n)t, alltäglich nicht in einem Wahrheitsmodus, weswegen das Diffuse und Amorphe der Alltagskommunikation von intelligenten Menschen gemieden wird. Heidegger betonte auch, dass das „Man" im Modus der „Zweideutigkeit" sich ausspricht und so Wahrheit aufs Unkenntliche mit Unwahrheit vermengt wird. Reden wir nicht um des Redens Willen, weil es angesichts von Langeweile unserer Seele guttut? Gilt auch für das Selbstgespräch.

226.

Die sonnige Erfahrung eines Bildungsgesprächs findet seine Vollendung nur, wenn vielversprechende erotische Eindrücke das Gespräch rahmen, also hübsche Mädels an dem Café vorbeiflanieren oder sich dort in Augennähe niederlassen. Das vollkommen Angenehme hat häufig einen beiläufig-erotischen Touch, wozu auch die Musik in Cafés und Modeläden beiträgt.

227.

Erkenntnistheorie ist ein müßiges Geschäft. So wie der Landvermesser K. in dem Romanfragment „Das Schloss" nicht zum Schloss vordringt, so die Philosophie nicht in die praktische Philosophie (als Lebensberatung), da sie in der Erkenntnistheorie steckenbleibt.

228.

Wir erfassen zunächst etwas intuitiv, bevor wir es mit dem Verstand mit klaren Umrissen versehen. Das Gefühl leitet und navigiert den Verstand.

229.

Die meisten Leute verreisen nur, um etwas (Neues) zu sagen zu haben. Kant ist nie verreist. Ihm genügte seine Königsberger Welt. Er hatte so etwas wie Geist und brauchte deshalb nicht zu reisen. Sein Werk ist entsprechend vertikal und nicht horizontal ausgerichtet.

230.

Kultur: ein zerbrechliches Gebilde, das entsprechend der Pflege bedarf und leicht wie eine Seifenblase zerplatzen, also misslingen oder sich in ungeahnte Höhen schwingen kann.

231.

Der Hund kennt kein Coronapandemie, will zum anderen hin, sein Herrchen mag nicht dort stehenbleiben, wo der Hund es will.

232.

Traue nie einem Frühreifen, einem Musterschüler wie Adorno. Im Leben geht ihnen schnell der Atem aus, bald haben sie ihr Pulver verschossen. Der Frühreife wird allenfalls Pianist oder Hochschullehrer. Das Genie ist ein Spätberufener. Wie ein Boxer muss er die Schläge des Lebens eingesteckt haben, bevor er zuschlägt.

233.

Ob ein Genie zur Entfaltung kommt, hängt mehr vom Geldbeutel als vom Talent ab.

234.

Ein Genie ist nur so klug wie die Umstände, die es zulassen.

235.

Horkheimer variierend kann man festhalten: Wer von Liebe spricht, der darf von roher Begierde nicht schweigen.

236.

Auf Luhmann mit Musil geantwortet: „In der Wiederholung liegt die Dummheit."

237.

Wenn man sich in die „vibes" des Sozialen verwickelt hat, hilft nur eine anschließende Reinwaschung im Becken der ungestörten Kontemplation.

238.

Warum ist gute zeitgenössische Literatur so rar? Es ist schwerer geworden, im Bann einer Zeit zu schreiben. Das Leben ist nicht mehr so eng mit der Politik gekoppelt. Man kann es nicht mehr von einer Katastrophe und dessen tektonischen Wirkungen her beschreiben. Es bedarf eines Entwurfes jenseits des politischen Ereignisses. Wie soll man das Lebensgefühl einer Zeit beschreiben, die nicht mehr von einer bestimmten Idee getragen ist? Brauchen wir Literatur nur in Krisenzeiten? Corona lässt die Literatur wieder aufblühen, da das politische Leben wieder von einer spezifischen Idee durchdrungen scheint. Es ist aber weniger eine Idee als Krisenmanagement, kombiniert mit einem immer mehr verdrängten „Sein zum Tode."

239.

Zu den Wissensquizsendungen im Fernsehen. Wissen ist für den Einzelnen im Schwinden begriffen, angesichts einer Komplexität und des Zerfalls in einzelne Sachgebiete. So wird Wissen in sogenannten Wissensquizsendungen als verblüffende Zirkusnummer präsentiert. Das Wissen wird angestaunt angesichts seines Verschwindens, wobei in diesen Sendungen vorwiegend nichtkanonisches Wissen abgefragt wird. Dass wir überhaupt noch etwas wissen, kommt einem Wunder gleich. Dass wir etwas wissen, wird zugleich durch Multiple-Choice-Antworten (bei denen man „etwas ausschließen" kann, wie es dort heißt) und durch das Abfragen von Alltagswissen garantiert, so dass auch der zwangsläufig unwissende Prototyp von heute sich auch als zumindest hie und da als wissend erfahren kann. Zudem gibt es hier kein Wissen an sich, sondern seinen Sinn erhält es nur dadurch, dass man damit eine Stange Geld gewinnen kann. Weiterhin typisch für unsere spätkapitalistische Moderne ist der Umstand, dass Wissen agonal in Erscheinung tritt und so legitimiert wird. Und: Schlauheit und Wissen werden hier zusammengemischt, nicht Klugheit und Wissen als Wert „an sich" urgiert.

240.

Es gibt Zeiten einer negativen Dialektik: Vernunft schlägt in Unvernunft um. Hegels Lehre impliziert aber vor allen Dingen auch eine „positive Dialektik", nach der Unvernunft in Vernunft umschlägt.

241.

Ein Stabilitätsanker des Kapitalismus ist der sublimierte Sexualtrieb, der vor allen Dingen Männer den Entfremdungsdruck aushalten lässt. Frauen leiden beim Nichtausleben des Sexualtriebs eher passiv: Sie bekommen ein Burn-out in der „verwalteten Welt".

242.

Der Sozialismus schleicht auf Taubenfüßen einher. Sein Werden vollzieht sich vor unseren Augen. Ein immer weiter voranschreitender Prozess des Postarbeitens und Nur-genießens und Entspanntseins. Ein unbeschwerliches Leben für alle (Sozialismus) scheint greifbar nah. Maschinen holen den Müll ab. Man hat in dieser Wohlfühlatmosphäre (dem gefühlten Luxus) nur nicht mit einem aggressiven Grippevirus gerechnet. Aber: Was eine Idee nicht umbringt, macht sie nur stärker.

243.

„Sei, so wie ich, mit geistigen Dingen beschäftigt und das Glück wird dir und der Menschheit zuteilwerden", lautet das verbreitete Missverständnis vieler Denker nicht nur des Abendlandes. Was sie überse-

hen, ist die Dummheit als Faktor des Allzumenschlichen. Viele kön-
nen sich nicht mit geistigen Dingen beschäftigen und so manch einer,
der es könnte, tut es nicht, weil er keine Muße dazu hat.

244.

Wer im Leben nichts mehr hat, wird auch vom Essen nicht mehr
satt.

245.

Der Kapitalismus ist wie eine schwache Lüge. Sie kann nicht lange
gut gehen.

246.

Wer nicht glauben will, muss fühlen (nämlich Angst).

247.

Wer Angst hat, der findet (was er nicht gesucht hat).

248.

Weil der Kapitalismus im 19. Jahrhundert so elend war, wurde in diesem Zeitraum die Geschlechterliebe erfunden.

249.

Gemeinschaft ist das, was von der Gesellschaft übrigbleibt, wenn man das Rationale und Agonale abzieht.

250.

Der Wille spielt verrückt, wo er nicht mehr gebraucht wird.

251.

Auch Unterordnung ist eine Art von Ordnung.

252.

Ein schlechter Satz kann 1000 gute Sätze kontaminieren und quasi depotenzieren, wie ein Tropfen einer giftigen Substanz genügt, um einen ganzen Teich zu vergiften.

253.

Fußball: „Das beschädigte Leben" sucht nach einem Ausgleich. Am Ende eines entfremdeten Tages brauchen wir etwas, was sich nach Leben anfühlt, also unvorhersehbar ist. Trotzig beißt der Zuckerkranke in eine Tafel Schokolade. Dieses kleine Stück Restglück lässt er sich nicht nehmen.

254.

Ich glaube, Heidegger wollte in „Sein und Zeit" nur sagen: Die Methesis universalis hat unser Leben in vielerlei Hinsicht verbessert: in der Medizin, Technik und im Lebenskomfort. Im gleichen Atemzug hat sie aber zu seelischen Anpassungsstörungen geführt. Dieses seelische Widerstreben gegenüber der modernen Welt wütet oder schwelt zumindest in uns. Wir werden zu täglichen Zuschauern unseres eigenen technischen Unglücks.

255.

Feiern: Das Außer-sich-Sein in der Distanz.

256.

Der sommerliche Sprung in ein Gespräch ist ein Sprung ins kalte Wasser. Erst fast ein Hitzeschlag, dann Weiterschwimmen, so gut es geht.

257.

Für die sogenannte Alternative für Deutschland und überhaupt Rechte und Konservative gilt: Sie gießen ihre Ressentiments und Ideosynchrasien gegenüber Ausländern, Homosexuellen und Andersdenkenden in eine politische Form, die keine ist. Es wird im Prinzip etwas politisiert, was (auch auf der Basis des Grundgesetzes und unserer demokratisch-rechtlichen Ordnung) nicht politisierbar ist. So fühlt man ein gewisses Unbehagen, wenn man auf einen Schwarzen trifft. Durch dieses ideosynchratische Empfinden ist man – da man dem Schwarzen in einem „weiß geprägten" Land nicht verbieten kann, über die Straße zu laufen – pauschal gegen Migranten, wegen dieses diffusen Angstgefühls vorm „schwarzen Mann", das viele Weiße teilen (wohl auch Schwarze gegenüber Weißen?), und beschließt Gesetze, die gegen Migration gerichtet sind, ohne näher zu prüfen, warum und ob man einem Vorurteil erlegen ist, da man nur gegen das hetzt, was einem (unbegründete) Angst macht und was man deshalb ablehnt.

258.

Eine große Geißel der Menschheit ist der Sexualtrieb. Ein saisonales Geilsein (Brunftzeit) hätte der Menschheit so manchen Krieg erspart.

259.

Die Diskokugel ist ein Symbol der dysfunktionalen Ausrichtung der beschädigten Liebe von heute. Solange sie blinkt, die Liebe als Hoffnung winkt.

260.

Mode heißt dem Sexuellen etwas Beiläufiges zu verleihen.

261.

Auch wenn wir eine alltägliche Verrichtung falsch angehen, bleiben wir bei dem eingeschlagenen Weg (es falsch zu machen), um die angewendete Mühe nicht als sinnlos dastehen zu lassen. Wir wollen nicht sinnlos handeln. Dann lieber falsch.

262.

Eine ganz und gar unideologische Feststellung. Wenn wir die Tiere, die wir essen, selbst töten müssten, wären die Meisten schon längst Vegetarier.

263.

Auch ein Befehl, also eine Machtausübung, ist eine soziale Handlung und hat u.a. die soziale Funktion, den Machtausübenden vor Einsamkeit zu bewahren.

264.

Das Genie in der Gegenwart sehen wir nicht gern. Lieber schweifen wir in die Fern, umso mehr Genie wir in den früheren Zeiten sehen. Das Genie sedimentiert sich geschichtlich, es entsteht nachträglich.

265.

Jedes Abtauchen ins Meer der Alltagsprofanität lohnt sich umso mehr, wenn man mit einem Gedanken zwischen den Zähnen daraus wiederauftaucht.

266.

Zu Gadamer: Das Verstehen eines literarischen Textes ist etwas ganz und gar anderes als das Verstehen und Missverstehen in der Alltagskommunikation.

267.

Kant und nicht Nietzsche hat Gott den Todesstoß versetzt, den die nachfolgenden Philosophen des Idealismus vergeblich wieder rückgängig zu machen trachteten. Nietzsche war nur verwundert und tief erstaunt, dass so etwas wie Gottlosigkeit möglich sein kann. Er verglich den Tod Gottes mit einem Meer, das die Menschen ausgetrunken hätten.

268.

Der Wissenschaftler sieht nur das, was seine Brille ihn sehen lässt. Durch diese Brille schaut dann auch die Menschheit.

269.

Den Nachtisch weglassen. Kein Fußball. Man kann sich daran gewöhnen (besonders dann, wenn man abnehmen will!).

270.

Das Glück in der kapitalistischen Wohlstandsgesellschaft macht sich rar. So selten wie im Fußball das Glück ist, so ist dieses auch im Leben die freudige Ausnahme. Wäre das Leben nicht beschädigt, also ein glückliches, bräuchte man auch keinen Fußball.

271.

Zahlennot ist Seelentod.

272.

Das Alter von Häusern erkennt man am Treppenhaus.

273.

Die Seele ist wie die Haut. Sie vergisst nichts.

274.

Die Kritikasterei ist die Würde des Nichtschreibenden.

275.

Der Mensch ist ein Arbeitstier. Nichts arbeiten, nichts zu tun ist gar nicht das Paradies auf Erden. Es ist eher die Hölle. Arbeit ist gleich: soziale Kontakte, Todesverdrängung, Heiratsmarkt, Zerstreuung, Lebenssinn und zuletzt auch: Sicherheit und Versorgung auf angenehmen Niveau. Es wird Zeit für ein bedingungsloses Grundeinkommen.

276.

Der Denker hört nicht auf, den Kopf gebeugt, auf und ab zu schreiten, auch wenn kein Gedanke mehr sein Gehirn streift. Die Haltung bleibt übrig von der Demenz.

277.

Den Verstand kann man nur verlieren, wenn man ihn zuvor hatte.

278.

Die Angst erwartet den Sturz und das Pech wie der Blitz den Donner.

279.

Wo Leben ist, sollte Unordnung sein. Sonst hat der Spießer in dir gesiegt. Und die AFD stellt den Bundeskanzler.

280.

Warum ist man eigentlich ständig unter Zeitdruck, wenn man im Leben nichts Besonderes vorhat? Rätsel der Vordrängelei an der Supermarktkasse. Der Tod und die Begrenztheit der irdischen Zeit sitzen wohl jedem im Nacken, auch, wenn man es gar nicht eilig hat. Man möchte keine Lebenszeit verlieren, auch wenn man nicht weiß, wie man sie sinnvoll zu nutzen vermag. Oder ist es einfach die momentane Langeweile, die uns zu sozialen Arschlöchern macht?

281.

Die Philosophie ist in Griechenland entstanden, da es so etwas wie eine exakte Wissenschaft zu dieser Zeit noch nicht gab. Das metaphysische Fragen nach der Beschaffenheit der Welt im Ganzen der Vorsokratiker ist also einem Mangel an Methodik und Weltwissen der Naturwissenschaften entsprungen. Die Metaphysik ist aber auch das einzig Interessante, was von der Naturwissenschaft übriggeblieben ist

282.

Zu Frau Merkels Sprache. An der Sprache erkennt man, ob jemand viel liest (oder gelesen hat, wenngleich das Gelesene und seine rhetorische Spannkraft mit der Zeit nachlassen) oder nicht. Das gilt für besonders feine Zuhörer, die über einen absoluten Blick in Sachen Literatur verfügen. Man erkennt am Sprachduktus auch, ob man in Literaturwissenschaft oder Physik promoviert ist. Der Physiker greift häufiger daneben, der Literaturwissenschaftler versucht nicht selten vergeblich, rhetorisch aufgerüstet zu sprechen und der Sinn entsteht erst „in der allmählichen Verfertigung des Denkens beim Sprechen". Siehe: Frank-Walter Steinmeier.

283.

Der kluge Mensch ist so gut wie der doofe. Er erscheint nur integrer zu sein, da er mehr sieht und leichter seine Fehler und Schwächen verbirgt.

284.

Wir heiraten nicht, weil wir auf eine verwandte Seele treffen, sondern weil der Gleichklang auf dem niedrigsten seelischen Niveau ausreicht, dem Optisch-Erotischen zu erliegen.

285.

Nietzsche heute: Keine Transzendenz, sondern wie ein Trabant in der ewigen Wiederholungschleife zu stecken, ist das Schicksal des heutigen Menschen.

286.

Man hatte nichts zu tun. Das aber mit Nachdruck.

287.

Fatalismus des „Man": Beim Arzt nur in ausgelegten Zeitschriften blättern, nicht in mitgebrachten Büchern zu lesen.

288.

Die Sonne scheint so heiß, da nehme ich mir ein Eis. Doch bevor ich mich an den Strand wagen kann,
steht die Muckibude an.

289.

Eine Seele, die zum Schweigen gebracht wird, wird bald schwingungslos.

290.

Kant glaubte noch: dass, wenn der Kanarienvogel aus seinem Käfig befreit würde, die Probleme der Menschheit gelöst seien. Dabei fangen sie damit erst an.

291.

Am Lesen-können und Nicht-Lesen-können scheiden sich die Geistigen von den Nichtgeistigen.

292.

Wenn die Krankheit chronisch wird, es den anderen kaum noch schert.

293.

Kein Wunder, dass das Glasdach der Seele bei anhaltendem Hagel
irgendwann bricht.

294.

Ein durch versagte Anerkennung geschmähter künstlerisch-narziss-
tischer Mensch ist eine tickende Zeitbombe, besonders von rechts.
Siehe Hitler. Siehe den Attentäter von Hanau.

295.

Das Visuelle in Sprache umgesetzt ist systematisches Denken. Die
Sprache ins Visuelle zu bringen bedeutet hingegen, essayistisch-poe-
tisch zu denken und schreiben.

296.

Die Rettung und das Verhängnis der Menschheit liegen im Schoße
der Technik.

297.

Soziale Intelligenz ist, wenn man die Missverständnisse des Alltags erkennt und so benennt und anspricht, dass daraus keine nachhaltigen Konflikte erwachsen.

298.

Das Schreiben ist der gnadenloseste Intelligenztest, dem man sich unterziehen kann.

299.

Die Menschen machen ihre Geschichte in etwa so, wie sie etwas an den vorüberziehenden Wolkenbänken, an Sonnenschein und Gewitter ausrichten können. Vielleicht können wir in der Zukunft das Wetter verändern, so wie wir in Zukunft unserer Geschichte machen können? Bis dahin sind wir ohnmächtig den Ideen und Umständen einer Zeit ausgeliefert. Auch geschichtlich sind wir nach Heidegger „geworfen."

300.

Bücher bleiben menschenewig, von Blumen und Menschen bleibt nur wenig.

301.

Wir leben in einer Leistungsgesellschaft. Jeder soll (sich) „etwas leisten können" beim Shopping, Urlaub, Sport und Spiel.

302.

Fußball ist nichts für Übermenschen. Mit etwas Glück gewinnt der Schwächere, nicht mit Geist, sondern mit einem Kopfball-Turban.

303.

Mode hat kaum etwas mit Schönheit, sondern eher mit Neid zu tun.

304.

Je mehr der Gruß mit einem freundlichen Lachen erfolgt, umso größer ist das Getuschel, das ihm vorausging.

305.

Um einen geschichtlichen Überblick von Theorien zu einem Thema geben zu können, ist es eher hinderlich, eine eigene Position zu vertreten, da man so die anderen Theorien schwerer einfach so naiv wiedergeben kann und das Falsche ruchbar wird.

306.

Jenseits von Ideologie kann man mit Heidegger & Co resümieren: Es gibt Phänomene, die das „Sein" fördern und Phänomene die das „Sein" verhindern. Zu den fördernden Elementen gehören Kunst, Aura, Wahrheit und Seelisches. Zu den inhibierenden Potenzen, also zum Seinsverlust gehören Rationalität, Hedonismus, Subjekt/Objekt-Spaltung, Descartes, „Warenfetischismus" (Walter Benjamin), „Tauschgeschäft" „verwaltetet Welt", „Verblendungszusammenhang" etc.. Das Sein ist ein scheues Reh, das angesichts eines technischen Knalls zusammenzuckt.

307.

Zu Bettina Böttingers Talkrunde: Ein aufatmendes Gelächter läutet das Wochenende ein. Selten verirrt sich ein waschechter Schriftsteller in die Runde hinein. Ansonsten sind überwiegend Menschen dort, die es sein wollen.

308.

Aus der kapitalismuskritischen Feststellung „Alles nur Betrug!" lässt sich kein Freibrief für amoralisches Verhalten ableiten, was Konservative gerne tun. Aus Pessimismus wird hier eine Legitimation für Amoralismus geschmiedet.

309.

Zur Comedy und zu selbst ernannten Comedians: Man darf eine gewisse Schlagfertigkeit nicht mit Intelligenz gleichsetzen. Die 90er Jahre, als Comedians die Dummheit als Komikthema entdeckten, um sich mehr als klug davon abzugrenzen, trugen Ironie wie eine Monstranz vor sich her. Friedrich Schlegels Erwartung, dass jeder in „100 Jahren Ironie verstehen würde", hatte und hat sich auf profane und banale Weise in den 90ern bis heute bewahrheitet.

310.

Man kann das Sublime, Unmittelbare, Ästhetische eines Kunstwerks auf den Begriff bringen. Man muss es nur auf den *richtigen* Begriff bringen.

311.

Nicht selten besteht ein Telefongespräch zwischen zwei älteren Personen aus einem Krankheitsaustausch, der wiederum nicht zuletzt eine Sinnkonkurrenz darstellt.

312.

Vielleicht ist Gott eine Art Chefjuror à la Dieter Bohlen. Wenn er genug gesehen hat, fällt er sein Urteil. Mal voreilig, manchmal gerecht. Gott ist auch nur ein Mensch.

313.

Ungenaue Sprache ist der Hauptgrund für soziale Konflikte, mehr auf der Mikro- als auf der Makroebene.

314.

Wer kein Willensmensch ist – und das sind die Kinder der 70er Jahre – hat es schwer, sich im Alltag zu behaupten.

315.

Nicht den Menschen gilt es zu verändern, sondern die Umstände. Der Mensch wächst in das hinein, was er als Umstände vorfindet. Sein Verhalten ändert er nur unter zwingenden Vorgaben, die dann wiederum habitualisiert zu Umständen werden, an die er sich pragmatisch anpasst.

316.

Jugendliche Dickhäutigkeit. Junge Menschen im Wartezimmer von Arztpraxen kommunizieren über ihr Smartphone, so als schauten sie sich gemeinsam ungestört Urlaubsdias an. Die anderen sind egal, bilden die Kulisse, auf dem sie cool ihr Ungestörtsein zelebrieren.

317.

Streitet nicht um Kleinigkeiten! Der einzig legitime Grund zu streiten ist Vernunftwidrigkeit und alles, was diese impliziert, wie Ungerechtigkeit, Gewalt oder etwas aus monetären Gründen tun zu müssen oder zu unterlassen.

318.

Die Rache des kleinen Mannes ist der Rasenmäher. Krach macht alle Menschen gleich (dumm).

319.

Man sagt ja auch in der Wissenschaft der Mathematik nicht: „Diese Aufgabe führt zu keinem Ergebnis", nur weil 99,9 % aller Menschen sie nicht zu lösen vermögen. Insbesondere im Hinblick auf das literarische Kunstwerk behauptet man genau dies aber.

320.

Vielleicht vollzieht sich die Menschheitsgeschichte in Zuständen der Ruhe und des Stillstandes und Zuständen der Veränderung (in der die Welt in Bewegung gerät). Die Geschichte muss nicht einem Telos folgen, sondern es genügt, anzunehmen, dass sie sich in diesen zwei Aggregatzustände manifestiert. Man könnte auch von Systole und Diasystole als Gesetzmäßigkeit der Geschichte sprechen. Ohne an einen progressiven oder regredierenden Verlauf zu denken.

321.

Wir sitzen alle in der Arztpraxis des Lebens. Wer ist als Nächster dran? Wer wird als Nächster erlöst von der Warterei, von Leiden und Langeweile?

322.

Die geschichtlichen Akteure auf der Bühne der Historie sind blind für die Bewertung und Wahrnehmung des Zeitgeschehens. Der Nebel der Geschichte muss sich erst lichten. Der Badezimmerspiegel bleibt solange beschlagen, bis frische Luft durchs offene Fenster weht.

323.

Ist der Kapitalismus nicht nur das Problem, sondern auch die Lösung des Problems?

324.

Das Genie ist immer ein verkanntes.

325.

Es ist oft nicht so sehr die Frage, *ob* eine Theorie einem Irrtum aufgesessen ist, sondern vielmehr, *welchen*.

326.

Die Narren haben nichts zu lachen. Allenfalls lachen sie über banale Sachen, auf hohem Ross, verschworen mit dem jeweiligen anderen. Humor ist, wenn man über andere lacht.

327.

Man kann die Matheaufgabe des Lebens nicht hoch genug ansetzen. Kaum einer versteht die eigene.

328.

Man kann noch so schlau sein. Wenn der Trieb im Leben nicht befriedigt wird, birst irgendwann das Seelenglas.

329.

Die Sprache ist wie ein Atomkraftwerk. Wenn sie kaputtgeht, dann aber richtig.

330.

Kapitalismus: eine schnell rankende Pflanze, mit einer flachen Wurzel auf sandigen Boden.

331.

Wir decken uns narkotisch mit Alltagskram zu, um die Sinnlosigkeit des Daseins nicht zu verspüren.

332.

Die Gretchenfrage angesichts eines literarischen Textes lautet: Idee, Sprache/Beobachtung oder Psychologie?

333.

Die andere Seite der Coolness ist die Einsamkeit.

334.

Im Schreck entbirgt sich der Angstpegel eines Menschen.

335.

Vielleicht hat die Dekadenzgesellschaft diesen Schuss vor den Bug des Corona-Virus gebraucht, um aus ihrem „Traumschlaf" (Walter Benjamin) – bestehend aus hedonistischen Kurz- und Langzeiturlauben, Essengehen, SUVs und Shopping – zu erwachen. Vielleicht war das die letzte Warnung, unseren Lebensstil nachhaltiger zu gestalten, bevor es zur ökologischen Katastrophe kommt. Die Crux ist nur: Es gibt nur zwei Zustände der hochkapitalistischen Gesellschaft: volle Kraft oder darbendes Daniederliegen der Wirtschaft, die also auf den Binnenkonsum, also das, was ich als Dekadenz bezeichnen würde, angewiesen ist. Und nur bei vollen Segeln lässt sich der Sozialstaat auch refinanzieren. Der Kapitalismus kennt nur zwei Gesichter: Dr. Jekyll und Mr. Hyde. Ein bisschen Kapitalismus kann es nicht geben, wenn alle etwas vom Wohlstand abhaben sollen. Was fehlt, ist ein Plan B.

336.

Intelligenz gibt es nicht ohne unerwünschte Nebenwirkungen. Der Uniprof ist meistens arrogant. Der intelligente (Mathe-)Lehrer ist meistens ein Arschloch. Der intelligente Kapitalist ist nicht selten beides. Der Dichter ist, wenn er nicht aufpasst, ein Zyniker. Wer nicht der durchschnittlichen Intelligenznorm entspricht, gilt nicht selten als hochnäsig… meistens zu Recht.

337.

Man muss ja irgendetwas tun, nicht zuletzt, damit die Zeit schneller vergeht. Die letzte Zeit des Lebens aber verbringt man nicht selten im Krankenhaus, mit fremden Bettnachbarn und Fernsehen, also gelangweilt, unproduktiv und ohne jegliche Sinnstiftung.

338.

Das Internet birgt das gesellschaftlich Unbewusste: Pornos, Unge-
hemmtheit, Narzissmus, Rechtsradikalismus, Herumpöbelei. Die un-
bewusste, unschöne Seite der Gesellschaft leuchtet hier grell auf.

339.

Schreibe ich diese Zeilen nur, um einem Mädel zu gefallen? Auf jeden
Fall erreiche ich so das genaue Gegenteil. So als ob man mit der
Waffe prahlen würde, die man auf sich gerichtet hält.

340.

Wie ein Sträfling in Einzelhaft sitzen wir in unseren Ich-Gefängnis-
sen. Wir brauchen die Erfahrung von Kommunikation und Welt, wie
der Sträfling den Hofgang braucht, um nicht verrückt zu werden.

341.

Die Natur regt uns zu einem Gestimmtsein, kaum aber zum Denken an. Das Soziale muss erscheinen, um Gedanken in Bewegung zu setzen.

342.

Man liest den lokalen Teil einer Zeitung, auch um zu erfahren, dass nichts passiert ist. Beiläufig lesen wir in der Zeitung beim Essen. Wenn keine Zeitung vorhanden ist, lesen wir Prospekte. Hauptsache Kontemplation.

343.

In der Wissenschaft geht es nicht um Wahrheit, sondern um Schönheit (der von ihr produzierten Texte). Das Systematische wird als schön empfunden. Auch andersherum gilt: Kunst ist nicht unbedingt schön, sondern birgt so etwas wie Wahrheit, auch wenn sie hässlich ist.

344.

Den Kopf über dem Wasser der Alltagserfahrung halten ist das tägliche Gebot des Kopfmenschen, bei dem letztendlich der Alltag obsiegt und den außeralltäglichen Gedanken auf Dauer die Luft wegbleibt.

345.

Kinder zu kriegen ist das größte Einfallstor zur Entfremdung und das größte Motiv, diese auszuhalten.

346.

Einen süßen Hund zu haben ist vor allen Dingen für andere ein Geschenk. Er zaubert auch den mürrischen Menschen ein Lächeln ins Gesicht.

347.

Man wird auch von nicht so üppiger Nahrung satt. Man kann quantitativ lesen, was man will. Hauptsache ist, dass einem nicht langweilig ward.

348.

Das 8. Gebot, „Du sollst nicht falsch Zeugnis reden wider deinen Nächsten!", wird wohl am häufigsten gebrochen. Man braucht als einzelner Passant nur an einer Zweiergruppe von sich vertrauten Menschen vorbeigehen, so dass man in den Augenschein der Dyade fällt, schon ist das 8. Gebot gebrochen. Wir kommentieren das, was uns in den Augenschein kommt. Augenschein und „Gerede"(Heidegger) sind eins.

349.

Zwischen Ich und Welt hat Gott den Leib gestellt.

350.

Kirche im Spätherbst:
Die Kirche ist halbleer, der Dachstuhl wird repariert.
Als Gegengewicht zu dem Glaubensverlust:
wurde eine Glühweinstätte installiert,
dort wird Glühwein serviert:
leere Stühle warten auf Gäste.
Gegen die Kälte, wird ein heißes Getränk angerührt.

351.

Ein Anschlag auf eine Synagoge in Halle: Weder Opfer noch Täter
wissen, *warum* man das Judentum hasst und/oder *woher* dieser Hass
eigentlich kommt.

352.

Es ist der Ort unserer größten Triumpfe und unserer schmählichsten
Niederlagen: das Spontangespräch. Doch der größte Sieg aber ist ein
Pyrrhussieg und schmeckt hinterher schal.

353.

Die Heilserwartung mündet heute überwiegend in Enttäuschung (im Proustschen Sinne), da man sie heute meistens im Diesseits verortet.

354.

Angst ersinnt Unheil, um davon errettet zu werden.

355.

In der Kommunikation setzt sich nicht automatisch die beste, vernünftigste, sachdienlichste Lösung durch (wie von Habermas prätendiert), sondern die Position des intelligentesten oder geschicktesten Gesprächspartners. Deswegen will Sophist und Gesundheitsminister Spahn immer „mehr Debatte"! Ein Rededuell zu gewinnen heißt nicht, dass die Vernunft obsiegt hat.

356.

Der Wahnsinn ist so banal und normal wie jede andere Krankheit auch. Also nicht nur das Böse ist banal, auch das Kranke ist ganz und gar gewöhnlich.

357.

Der Bücherleser ist weder faul noch fleißig, im Idealfall ist er einfach geistig.

358.

Die FDP-Politikerinnen nehmen gern die Rolle des Buhmanns an. Solange es ihnen nicht juckt, was geht sie das Schicksal harter und nichtlukrativer Arbeit an? Solange es sie nicht betrifft und sie auf der Sonnenseite der Gesellschaft sitzen, krächzten sie: „Zu viel Staat darf nicht sein!" Sie haben nicht begriffen: Der Staat ist kein abstraktes Gebilde (das man anfeinden kann), der Staat, das sind im Zweifelsfall alle. Sie und zumeist er hingegen glauben: „Geist gerät nicht in Not, Geist verdient immer sein Brot. Solange der Geist funktioniert, wird man von Schicksalsschlägen verschont."

359.

Das Jahr ist fast rum und die Großmutter blickt nach dem Essen stumm auf dem Tisch herum. Das soll es schon gewesen sein? So mancher geht hungrig ins Bett.

360.

Der Trotz ist eine, soweit ich sehe, vernachlässigte Kategorie der psychologischen und kulturellen Forschung. Aus Trotz entwickeln wir psychiatrische Symptome. Wenn die Aufmerksamkeit, die wir erhalten, für Augenblicke schwindet, manifestiert sich bei uns der Trotz in Form eines Schmerz-, oder Phlegma-Symptoms.
Aus Trotz werden wir krank, aber auch wieder gesund, leben länger oder heiraten die falsche Frau oder ergreifen den falschen Beruf. Der Trotz ist das Zünglein an der Waage von (falschen) Lebensentscheidungen.

361.

Mit dem Kopf und Hals einer Giraffe schweben wir in digitalen Welten, während wir mit den Füßen im Morast des Stammesdenkens stecken, wozu Pegida und Rechtspopulismus und AFD, ein sich immer unverschämter gebärdender Rechtsterrorismus sowie Judenhass gehören.

362.

Die Wahrheit wird entweder ausgesprochen oder nicht. Argumente sind nur schwache Wahrheitsverstärker oder -abschwächer. Die Wahrheit braucht keine Argumente. Besonders Charakterlose schwärmen deshalb von einer argumentativen Kommunikationspraxis. Konservative schwätzen so das Schlechte gut.

363.

Die Philosophie löste sich zaghaft von der Theologie, um mit großem Schwung seitens Descartes und Kant der Erkenntnistheorie in die Arme zu fallen. Von der Erkenntnistheorie war es dann nur noch ein kleiner Schritt zur philosophischen Mathematik. Ein Mathematiker, nämlich Husserl, entdeckte daraufhin, als sei es etwas Neues, *die* Welt, woraufhin die neue Aufgabe der Philosophie (die Welt zu thematisieren) in Psychologie und/oder Soziologie überging. Ein Teil der neueren Philosophie verharrt seither bei Mathematik und Erkenntnistheorie und macht den Schritt hin zur Welt nicht mit. Dafür mangelt es ihr an Fantasie, die ihr vom mathematischen Defätisten Wittgenstein ausgetrieben wurde.

364.

Mode ist, mit Luhmann gesprochen, eine „Reduktion von Komplexität". Sie zeigt heute an, was ich mir kaufen soll und kann, wenn ich schon alles habe. Die Mode weckt und erhält Bedürfnisse auch in Zeiten, in denen eine gewisse konsumtive Saturiertheit herrscht.

365.

Das Kirchenläuten tönte verzweifelt und laut übers ungläubige Land. Das Läuten störte die Sonntagsleut. `

366.

Frühlingsimpression: Die Rasenmäher brummen all überall, erst einer, dann zwei und dann bist du an der Reih, verfolgt von der Sittenpolizei. Die Rasenmäher sind wie heilige Chöre, die sich in ihrem Gesang, wummernd und heulend, überbieten wollen. Wer entgeht ihrem Sirenengesang?

367.

Nur misslungene Theorie ist schwer.

368.

Törichte Menschen „müssen" mit Nachdruck sprechen, damit vorne überhaupt etwas herauskommt. Die häufigste Form des Mit-Nach-druck-Redens ist der Streit. Daraus folgt: Der einfache Mensch neigt zum Streit.

369.

Je näher das Nichts rückt, umso größer ist die Schlagzahl der Um-triebigkeit.

370.

Sitzt du im stillen Kämmerchen,
fällt dir nichts ein.
Geh nach draußen,

wo die „Welt weltet",
und du wirst erleuchtet sein.

371.

Geh nur los. Erst dann erfährst du, ob eine Überraschung auf dich in der Welt wartet. Nur, wer sich bewegt, findet einen unbetretenen Pfad.

372.

Das Handy ist (sofern es funktioniert) ein Alleskönner, das mehr auratisches Spiel und Fetisch als ein neutraler technischer Gegenstand ist. Bleibt das Netz weg, bleibt das Riesenbaby Mensch hilflos und mit Entzugserscheinungen zurück, das sich cum granu salis nicht mal ohne „App" die Schuhe zuzubinden, geschweige denn einen Weg zu finden vermag.

373.

Arschlöcher verstehen sich gut untereinander. Wenn aus der Kumpanei (wie zwischen Trump und Erdogan) konkrete (Kriegs-)Handlungen werden, hört der Spaß aber auf, wie beim Rückzug der amerikanischen Truppen, der beinahe einen Angriff der Türkei auf Kurden evoziert hätte. Die Kumpanei von Arschlöchern dürfte nie so weit gehen, dass Tod und Leid daraus entstehen.

374.

Rede in der Alltagskommunikation hat mehr mit Normativität (also das, was man so sagt, um der Norm des Erwartbaren zu entsprechen) als mit Wahrheit zu tun.

375.

Die Menschen werden immer schwieriger. Was früher für das Einzelkind galt, ist heute zum Normalfall (des neurotischen) Menschen geworden.

376.

Mit großer Verwunderung musste ich feststellen, dass die soziale
Distanz in der Coronakrise als etwas großartig Neues und Ein-
schneidendes angesehen wurde. Die Menschen verhalten sich seit
den 90er Jahren ohnehin sozial distanziert (besonders die Ge-
schlechter). Erst wenn uns etwas droht weggenommen zu werden,
erwacht in uns das Bewusstsein eines möglichen Verlustes.

377.

Man kann auch nicht davon sprechen, dass diese schon immer be-
stehende soziale Distanz in der Coronazeit nachhaltig durch ein
neues Wir-Gefühl substituiert wurde. In dem Augenblick, in dem
Not und Leid und Gefahr und die erste Welle überstanden war, war
auch schon wieder die vorherige Distanz zur Stelle. Not sorgt für
sozialen Zusammenhalt, Sorglosigkeit führt zur sozialer Auseinan-
derdrift. Sorge solidarisiert im Namen eines höheren Zwecks. Sorg-
lose Unbeschwertheit pflegt Distanz.

378.

Manche Leute sind aus einer spießigen Grundhaltung religiös, nicht etwa umgekehrt. Alles muss für sie eine Ordnung haben und solange am Karfreitag Fisch gegessen oder an Weihnachten eine Gans gebraten und in die Kirche gegangen wird, ist die Welt noch im Lot. Woher die religiösen Regeln und Bräuche genau herrühren, ist beinahe egal. Hauptsache Regeln. Da wo viele Regeln bestehen, fühlt sich der Spießer wohl, also auch in der Religion.

379.

Gott schuf die Welt, aus dem Grund, weshalb Robinson Crusoe sich häuslich und fürstlich einrichtete: aus einer gewissen Langeweile und Einsamkeit heraus. Wir sind die Fische im Aquarium Gottes. Wir sind dazu da, den lieben Gott zu unterhalten.

380.

Je mehr Aufhebens (gesellschaftlich, privat, medial) wir vom Essen machen, desto mehr essen wir und desto weniger wird gekocht.

381.

Wir richten die Wahrheit im Alltagsgespräch danach aus, was uns einfällt, so dass wir dort also gedächtnismäßig angepasst die Wahrheit ausrichten und variieren.

382.

Der erste Knall war verhallt, die ökologische und kriegerische Katastrophe lag hinter uns. Da fingen wir an ausgelassen zu feiern und vor lauter Übermut überkam uns die Ironie, auch als Denken in den Parametern von dumm/klug. Das waren in nuce die 90er Jahre.

383.

Der Kapitalismus ist das Feuer, das auf dem Topf der Zivilisation köchelt. Wir müssen es sorgsam hüten. Das Feuer kann für Energie und Wärme sorgen. Es kann aber auch ausgehen und dann funktioniert die Essenszubereitung, sprich Zivilisation, auch nicht mehr.

384.

Im 19. Jahrhundert und bis weit ins 20. Jahrhundert hinein richtete sich das sogenannte „Volk" an den Herrschaften „da oben" aus, stratifikatorisch, modisch, kolportierend. Ab Mitte des 20.Jahrhunderts war die soziale Leitkultur dann „unten" angesiedelt, was Geschmack und Alltagsgewohnheiten anbelangte. So kam es zu einem Trickle down, nach dem sich das „Oben" am „Unten" orientierte.

385.

Wer Angst hat vor der Gleichheit hat, ist kein Genie, da sich dasselbe auch bei materieller Gleichheit noch von anderen unterscheidet. Der begabte Mensch braucht keine Angst vor Nivellierung und „Gleichmacherei" zu haben.

386.

In den meisten Epochen der Menschheit war Liebe eine sehr spekulative oder diskursive Angelegenheit. Selten wurde aus Liebe geheiratet. Die Liebe ist nach Luhmann eine Erfindung der Liebesromane des 19. Jahrhunderts. Selbst bei Proust noch war die Liebe eine betuliche, höchst spekulative Sache. Es wurde mehr um den heißen Brei herumgeschlichen, als von der süßen Frucht in der Mitte des Breis gekostet. Möglicherweise folgt die Diskursivität oder Realität der Liebe auch einem dialektischen Prinzip. Nach Zeiten, in denen die Liebe gelebt wurde (68er), folgten Zeiten, in denen sie eher stiefmütterlich-betulich daherkam (Generation X). Demnach könnten wir uns auf eine weitere stürmische Periode freuen. Von der aber ist bisher nichts in Sicht.

387.

Von allein geht er nicht weg, der Kapitalismus. Wir müssen, wenn wir ein Loch im Zahn haben, irgendwann den Zahn behandeln lassen, eventuell den Zahn ziehen, damit man ein Implantat einpflanzen kann. Von allein aber geht er nicht weg, der Schmerz. Er wird nur immer schlimmer, der Schmerz des Kapitalismus.

388.

Das Leben ist heute wie ein Spaziergang. Zuerst marschiert man munter drauflos. Man trifft auf Bekannte oder weniger bekannte Menschen, handelt sich im Gespräch die eine oder andere Niederlage oder den einen oder anderen Sieg ein. Wir geraten manchmal in eine Hochstimmung und pfeifen vor Vergnügen oder sind verstimmt, meistens aber befinden wir uns in einer mittleren Stimmungslage. Zuweilen begegnet uns der ein oder andere Traumpartner, wir lassen aber zumeist die Gelegenheit verstreichen. So kehren wir müde und zumeist nicht satt nach Hause zurück, kehren heim.

389.

Nachmittags in der Siedlung. Eine Heckenschere wütet herum. Ein Rasenmäher brummt. Die Natur wird zu einem Betätigungsfeld. Um die Zeit töten können, töten wir die Natur.

390.

Spießigkeit ist, wie ein langer Rock, der das weiße Bein verdeckt, die Rückseite der Coolness.

391.

Ohne Gefühle zu schreiben ist wie Autofahren ohne Bremse. Das poetische Gefühl erweist sich als zwischen Gas und Bremse des Gefühls changierendes Phänomen.

392.

Das Wort cool hat ein dummes Gesicht.

393.

Der hermeneutische Prozess ist wie Autofahren. Man setzt sich ins Auto, schnallt sich an und nach einem routinierten Vor- und Rückblick geht die Fahrt los. Zumeist voraussehend-vergegenwärtigend, immer wieder von einem Blick in den Rückspiegel flankiert, manövrieren wir uns durch den fließenden Verkehr. Wir müssen gar nicht viel überlegen und verstehen dennoch. Nach der Fahrt können wir manchmal nicht genau sagen, was während der Fahrt passiert ist.

394.

Je älter wir werden, umso mehr tröstet uns die Natur. Es geht auch ohne uns weiter.

395.

Die Coronapandemie hat wie in einem Brennglas die Schwächen und die Anfälligkeit des politischen Systems des Kapitalismus aufgezeigt und was wichtig ist und was nicht: Das politische System ist abhängig von der Unvernunft seiner Funktionsträger. Fahren die Deutschen mal nicht in den Urlaub, so hat das katastrophale ökonomische Auswirkungen auf Reisebüros, Reiseveranstalter und Fluggesellschaften, ganz abgesehen von den Tourismuseinbußen. Geht der Konsument nicht mehr exzessiv Klamotten kaufen, machen Modeläden Pleite und in Bangladesch können keine Löhne mehr ausgezahlt werden. Geht der Dekadent nicht mehr „lecker essen", machen Restaurants zu usw. Das Leben im Kapitalismus bedarf der Dekadenz, also der Unvernunft, um reibungslos zu funktionieren.

396.

Geistigkeit weniger Arroganz ist gleich: redliche Intelligenz.

397.

Lieber hässlich, als unmodisch sein.

398.

Nur wer den Dreck wegmacht, sieht ihn. Gilt auch auf geistigem Gebiet.

399.

Je vertrauter mir ein Ding ist, desto weniger kann ich das Ding benennen. Und das ist besonders dann der Fall, wenn es plötzlich aus der Handlungswelt des „Zuhandenen" in die Dingwelt des „Vorhandenen" transferiert werden soll.

400.

Adorno hat Kierkegaard auf den Kopf gestellt. Bei Kierkegaard ist das ästhetische Stadium der Ausgangspunkt und der Endpunkt die Religion. Bei Adorno beginnt es mit der Religion, gefolgt von der Philosophie und das Endstadium bildet das Ästhetische. Letzteres klingt für uns heute plausibler.

401.

Je größer der Druck der repressiven Gesellschaft, desto befreiender wurde Pop gefeiert und als Traum bzw. Utopie eines freieren Lebens erträumt. Heute, in einer liberalisierten und ästhetisierten Gesellschaft, braucht man ein derartiges Narkotikum nicht mehr. Das bessere Leben wurde zu einem Alltag, zu dessen Bewältigung die Menschen die Popmusik nicht mehr benötigen. Es gibt zwar noch Popmusik. Ihr Stellenwert ist aber von Identitätsstiften und entsprechender Wichtigkeit auf das Niveau der reinen Unterhaltung gesunken. Es wird, wie es scheint, nur noch zum Überrücken von zeitlichem Leerlauf auf Musik zurückgegriffen.

402.

Die hoch gehandelten Schriftsteller haben (zumeist) für den Dichter, also sich selbst, geschrieben. Deswegen erscheinen ihre Werke für den Otto Normalleser vom Alltag entfernt und rätselhaft. Der normale Leser will den Plot und das Zwischenmenschliche, von denen der große Dichter, der über das Dichten dichtet, gerne schon mal absieht.

Das Schwere ist in Wahrheit einfach, das Einfache schwer.

403.

Manche Zeitgenossen sind Im-Nachhinein-Hellseher.

404.

Der Aphorismenschreiber ist ein verhinderter Lyriker.

405.

Die Coronakrise hat eine Aschenbröselarbeit evoziert: Das Gute kam ins Töpfchen, das Schlechte ins Kröpfchen: Verzichten kann man nicht auf die unterbezahlten Berufe wie Krankenschwestern, Friseurinnen, Erzieherinnen und Kassiererinnen. Verzichten kann man hingegen auf hochbezahlte Berufe wie Fußballprofi, Schlachtereibesitzer oder Immobilienmakler.

406.

Man lebt heute etwas über seine Verhältnisse, so etwa wie ein Neu-
reicher, der sich eine Villa nach dem Vorbild Neuschwansteins er-
baut oder ein zum Reichtum gelangter Schuhvertreter in den 50er
Jahren des 20. Jahrhunderts, der sich einen Opel Kapitän zugelegt
hat. So wie man früher eher monetär über seine Verhältnisse lebte,
so lebt man heute in technischer Hinsicht über seine Verhältnisse.
Das Technische ist heute mehr ein Desiderat als etwas Kontemporä-
res. Eine technische Utopie, die in Zukunft erst noch eingelöst wer-
den muss. Wir lassen uns auf die Technik ein wie ein junges Paar auf
die Ehe, ohne dass man jetzt schon sagen könnte, ob und wie sie
gelingt.

407.

Naturwissenschaft müsste eigentlich Modellwissenschaft heißen.

408.

Wenn die Dose fast leer ist, zählt jeder Tropfen.

409.

Vorsicht bei Kurzprosa. Je kürzer die Prosa, desto dünner ist die Luft zum geistigen Atmen und desto größer ist die Tendenz zur Hochstapelei von Banalitäten.

410.

Wer immer „Dings" sagt anstelle des entsprechenden Substantivs, hat entweder ein gleichgültiges Verhältnis zur Sprache. Er verwendet das Füllwort Dings, da es der Person in einem defizitären Moment nicht einfällt, oder aber er oder sie geht ganz in dem Dingcharakter der Welt auf, deren genaue Benennung überflüssig erscheint, da man sich ständig in ihr aufhält.

411.

Rede in der Alltagskommunikation hat mehr mit Narration als mit Wahrheit zu tun.

412.

Philosophen sind missratene Literaten.

413.

Freitagabend. Wochenende. Wir verlangen nach Sinn, bekommen aber nur halbgare Krimis serviert. Wenigstens ein Sinnspiel verlangen wir. Sinnbereitschaft stößt auf schlecht recherchierte Krimiwahrheit. Und so müssen wir uns auf ein falsches Spiel einlassen.

Zeitfracht Medien GmbH
Ferdinand-Jühlke-Straße 7
99095 Erfurt, Deutschland
produktsicherheit@kolibri360.de